Gerald Wüchner

Mediterrane Küche

... eine Chance für die Zukunft

Die Gesundheitsküche vom Mittelmeer

Für Menschen geschrieben, die gesund leben wollen und trotzdem genießen möchten

2. überarbeitete und erweiterte Auflage

Deutsche Herzstiftung

Impressum

Mediterrane Küche
... eine Chance für die Zukunft

3. Auflage, Juli 2009
ISBN 978-3-9806604-9-5

Deutsche Herzstiftung e.V.

Vogtstraße 50, 60322 Frankfurt am Main
Telefon 069 955128-0, Fax 069 955128-313
info@herzstiftung.de, www.herzstiftung.de

Fotos: Peter Asch (S. 38, 43 l., 61-3 Bilder r., 99 l., 100, 144, 220, 223, 229), Robert Hellenschmidt (S. 20), Renate Horst (S. 101, 147, 184), Christina Marx (S. 105, 112, 188, 105, 209), Gerhard und Heidi Simons (S. 7, 9 l., 41 r., 50), Gerald Wüchner (S. 3 r., 4 l., 6, 9 r.,10, 11, 12, 24, 28, 29, 30, 40, 41, 42, 47, 49, 52, 54, 57, 58, 59, 60, 61-2 Bilder oben, 63, 64, 67, 68, 69, 70, 71, 78 r., 79 l., 81, 84, 85, 93, 97, 106, 117, 119, 120, 122, 125, 132, 137 l., 138, 145 l., 167 r., 176, 183, 196, 198, 208, 211 r., 225, 237), Hans Reder (S. 3 l., 4 r., 5, 8, 78 l., 175, 190, 202, 203, 211 l.), www.sxc.hu (alle anderen Bilder).

Redaktion: Renate Horst
Gestaltung: Christina Marx, Hahnstätten
Druck: Druckerei Lokay e.K., Reinheim

Wichtiger Hinweis

Die Gedanken und Anregungen in diesem Ratgeber stellen die Meinungen beziehungsweise die Erfahrungen des Verfassers dar. Sie wurden vom Autor nach bestem Wissen erstellt und mit größtmöglicher Sorgfalt überprüft. Sie bieten jedoch keinesfalls Ersatz für kompetenten medizinischen Rat. Jede Leserin, jeder Leser sollte für das eigene Tun und Lassen auch weiterhin selbst verantwortlich sein. Daher erfolgen Angaben in diesem Buch ohne jegliche Gewährleistung oder Garantie. Der Autor kann für eventuelle Nachteile oder Schäden, die aus diesem Buch resultieren, keine Haftung übernehmen.

Inhalt

Über den Inhalt des Buches

Gesunde Ernährung

Was ist mediterrane Küche?

Inhalt

Original Kreta Küche

Der Hafen von Loutro – einer der schönsten Orte Kretas.

Liebe Leserinnen, liebe Leser,

wer sich richtig ernährt, lebt besser – und länger. Denn Gesundheit geht auch durch den Magen. Besonders hoch sind Lebensqualität und Lebenserwartung bei den Bewohnern einiger Mittelmeerregionen, deren leibliches Wohl von der traditionellen mediterranen Küche geprägt ist. So haben wissenschaftliche Studien mittlerweile eindeutig belegt, dass diese Menschen wirksamer vor Herz-Kreislauf-Erkrankungen wie Herzinfarkt und Schlaganfall, aber auch anderen chronischen Leiden wie etwa Diabetes geschützt sind. Die Deutsche Herzstiftung propagiert die Mittelmeerküche daher bereits seit vielen Jahren als eine Ernährungsform, die entscheidend dazu beiträgt, möglichst lange gesund und fit zu bleiben, aber auch bereits bestehende Erkrankungen günstig zu beeinflussen.

Immer wieder lässt sich jedoch beobachten, dass viele Menschen überhaupt nicht wissen, was traditionelle mediterrane Küche wirklich bedeutet. Sie bringen diese ganz allgemein mit dem Essen in Verbindung, das im Lokal nebenan beim Italiener oder Griechen serviert wird. Eine Jumbo-Käsepizza mit Salami und Schinken, die Pasta in Sahnesauce oder der Grillteller mit fünf Fleischsorten und drei grünen Bohnen oder Oliven zur Dekoration haben allerdings so gut wie gar nichts mit der gesundheitsfördernden mediterranen Ernährung zu tun. Denn deren wichtigste Merkmale sind viel Gemüse, Salat, Hülsenfrüchte, Obst, Oliven- oder Rapsöl, Fisch und wenig Fleisch.

Um eine breite Öffentlichkeit für die richtige und wirklich gesunde mediterrane Küche zu interessieren und zu begeistern, hat sich die Deutsche Herzstiftung entschieden, gemeinsam mit dem Chefkoch Gerald Wüchner dieses Kochbuch herauszubringen. Der Autor ein ausgewiesener Experte auf dem Gebiet der Mittelmeerküche, präsentiert darin die unterschiedlichsten Rezepte, erläutert deren Vorteile und erklärt ebenso ausführlich die allgemeinen Grundzüge einer gesunden Ernährung.

Die traditionelle mediterrane Küche fördert jedoch nicht nur ein gesünderes und längeres Leben, sondern sie ist auch überaus schmackhaft - und lässt sich ganz einfach zubereiten. Davon können Sie sich leicht überzeugen. Gehen Sie auf kulinarische Entdeckungsreise durch die Welt der Mittelmeerküche. Ich bin sicher, Sie werden es nicht bereuen.

Ihr

Prof. Dr. med. Hans-Jürgen Becker
Vorstandsvorsitzender der Deutschen Herzstiftung

Ein alter Olivenbaum im ersten Sonnenlicht des Tages in der Nähe der Ortschaft Kritsa.

Liebe Leserinnen, liebe Leser,

Mediterrane Küche – eine Chance für die Zukunft

dieses Buch ist für alle Menschen geschrieben, die gesund leben wollen und trotzdem eine gute, genussvolle und farbenfrohe Küche genießen möchten. Eine Küche, die viele gesundheitsfördernde Bestandteile beinhaltet, aber dennoch Lust und Genuss am Essen vermittelt. Ganz besonders habe ich dabei an die Menschen gedacht, die schon viele Anstrengungen für eine Ernährungsumstellung unternommen haben, aber bisher noch keine nennenswerten Erfolge verzeichnen konnten. Für all diese Leser habe ich das seit Jahrzehnten bekannte Wissen, dass die mediterrane Küche eine überaus positive Wirkung auf die Gesundheit des Menschen hat, wieder neu entdeckt und in diesem Buch für jeden verständlich zusammengefasst.

Der Titel des Buches „Mediterrane Küche – eine Chance für die Zukunft" ist ganz bewusst von mir gewählt. Ich bin der festen Überzeugung, dass die mediterrane Küche, wie sie in diesem Buch beschrieben wird, vielen Menschen, ganz egal ob Sie schon eine Erkrankung haben oder dieses Buch zur Prävention nutzen, helfen kann, Krankheiten zu vermeiden oder schon bestehende Erkrankungen positiv begleitend zur ärztlichen Therapie zu verbessern – und dies ist eine Chance für die Zukunft.

Der Inhalt dieses Buches beruht auf vielen Untersuchungen, Studien und meinen persönlichen Erfahrungen, dass die traditionelle mediterrane Küche eine der gesündesten Küchen der Welt ist und diese Tatsache auch in jüngster Zeit durch neuere Veröffentlichungen belegt wurde. Doch das Wissen über die vorteilhafte Wirkung der mediterranen Küche und deren Umsetzung bedarf einerseits der Vermittlung von theoretischem Wissen, aber auch der Anleitung diese Küche in der Praxis umzusetzen. Ich habe deshalb von Anfang an auf die Vermittlung von praktischem Wissen in meinen Kochkursen gesetzt. Es ist mir wichtig, den Menschen zu zeigen, wie einfach und schmackhaft die mediterrane Küche auch bei uns umgesetzt werden kann. Im Rezeptteil dieses Buches finden Sie viele Anregungen, die mediterrane Küche im täglichen Leben umzusetzen. Es bedarf dafür keiner exotischen Lebensmittel. Unsere heimischen Obst- und Gemüsesorten sind hervorragend für die mediterrane Küche hierzulande geeignet. In diesem Buch war es mir besonders wichtig die traditionelle Mittelmeerküche, wie sie in den Ländern um das Mittelmeer in den sechziger Jahren üblich war, von den ursprünglichen Grundwerten her zu vermitteln. Mein Wissen um die original mediterrane Küche beziehe ich nicht nur aus dem Studium aktueller Forschungsberichte zur Mittelmeerküche, sondern auch bei meinen Begegnungen mit den Menschen auf Kreta. Ich reise zweimal im Jahr zu den „Herzwochen auf Kreta“. Bei diesen Gesundheitswochen bin ich Mitglied in einem Team von Ärzten, Köchen, Psychologen, Sportlehrern und Therapeuten, die sich mit allen Fragen um das Wohl von Herzpatienten, aber auch um Menschen, die einfach nur herzgesund leben möchten, beschäftigen. Ich leite bei diesen Herzwochen die Kochkurse und begegne somit vielen Menschen, die an einer Herz-Kreislauf-Erkrankung leiden. Die Fragen, die Anregungen und die Wünsche unserer Teilnehmer bei den Herzwochen haben mir gezeigt, wobei die Menschen Unterstützung benötigen. Auf viele Fragen und Wünsche habe ich versucht in diesem Buch einzugehen, um den Menschen eine echte Hilfe zu geben. Natürlich ist mir bei meinen Reisen nach Kreta der Kontakt zur Bevölkerung sehr wichtig. Mittlerweile habe ich eine Reihe von Freunden und Bekannten auf Kreta, die mir die ursprüngliche Küche, aber auch die Lebensweise der Kreter näherbringen. Dies alles hat mir geholfen, das Wissen um die Besonderheiten der original mediterranen Küche und die Lebensart der Kreter in diesem Buch zu veröffentlichen.

Liebe Leserinnen und Leser, dieses Buch ist kein Kochbuch für Diäten, Sie finden deshalb auch keine Nährwertangaben bei den einzelnen Rezepten. Meine Erfahrung als Küchenchef in einer Klinik hat mir gezeigt, dass die wenigsten Menschen ihr Essen nach Nährwerten auswählen. In manchen Fällen sind Nährwerte sogar hinderlich für die vorbehaltlose Auswahl eines Gerichtes. Der große Vorteil der mediterranen Küche liegt darin, dass das Verhältnis von Kohlenhydraten, Eiweiß, Fett und Ballaststoffen aufgrund der Zusammensetzung schon besonders günstig ist.

Der überaus große Zuspruch und die Begeisterung, die ich auf meinen Informationsveranstaltungen im ganzen Bundesgebiet erlebe, gibt mir den Mut und die Kraft, die mediterrane Küche in Verbindung mit der Deutschen Herzstiftung weiter voranzutreiben. So unterstützen wir bundesweit Unternehmen, Kliniken, Schulen und Senioreneinrichtungen bei der Einführung der mediterranen Küche.

Liebe Leserinnen und Leser, Sie können mir schreiben. Wenn Sie Anregungen, Lob, aber auch Kritik zu diesem Buch haben, finden Sie auf den letzten Seiten die Adresse der Deutschen Herzstiftung, an die Sie Ihre Post schicken können. Es kann zwar etwas dauern, aber ich werde jeden Leserbrief persönlich beantworten.

Ich wünsche Ihnen nun viel Genuss und Freude bei der Umsetzung Ihrer mediterranen Küche.

Herzlichst Ihr Gerald Wüchner

Gerald Wüchner

Blühender Olivenhain im Mai auf Kreta.

Das Damoklesschwert

der ernährungsbedingten Krankheiten schwebt über uns!

50 Jahre lang hat die Ernährungsaufklärung intensiv versucht, dem Verbraucher zu erklären, wie man sich vollwertig und ausgewogen ernährt. „Doch die ernährungsbedingten Krankheiten nehmen eher zu.“

Das Übergewicht steigt!

So steigt zum Beispiel das Übergewicht der Deutschen von Jahr zu Jahr dramatisch an, leider auch bei unseren Kindern. Mittlerweile sind wir Deutschen die dicksten Europäer. Auch die Zahl der Menschen, die an Diabetes erkranken, nimmt jedes Jahr zu. Wenngleich auch niemand feststellen kann, wie sich die Ernährungssituation heute ohne diese Ernährungsaufklärung darstellen würde, so kann jedoch abgeleitet werden, dass das beabsichtigte Ziel, nämlich das Fortschreiten von Übergewicht und Diabetes zu stoppen, nicht erreicht wurde. Natürlich kann man sagen, dass Übergewicht alleine noch kein großes Gesundheitsrisiko darstellt, aber die daraus entstehenden ernährungsbedingten Krankheiten bis hin zu Herz-Kreislauf-Erkrankungen stellen dennoch ein großes Risiko dar. Immerhin sind Herz-Kreislauf-Erkrankungen gefolgt von den Krebserkrankungen die häufigsten Todesursachen hierzulande.

Todesursachen in der Bundesrepublik Deutschland

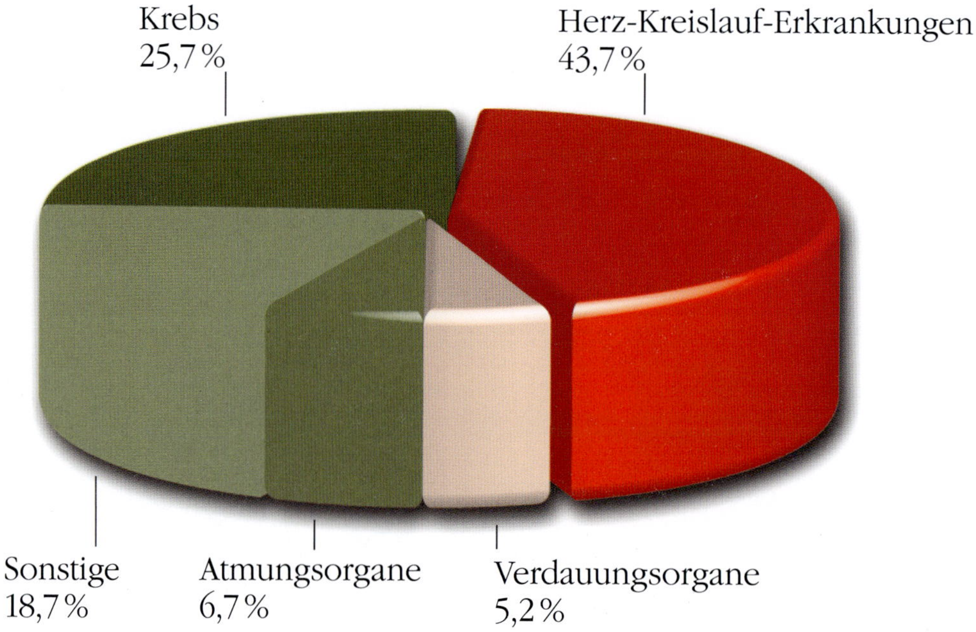

Quelle: Statistisches Bundesamt Deutschland, 2007

Viele Risikofaktoren führen zum Herzinfarkt!

Sind wir dem Infarkt schutzlos ausgeliefert?

Viele Menschen glauben, Herzinfarkt oder Schlaganfall sind ein Ereignis des Schicksals und es ist eine Vorbestimmung des Lebens, wenn uns dieses für unser Leben einschneidende Ereignis trifft. Richtig ist: Es gibt Risikofaktoren, die für uns Menschen nicht zu beeinflussen sind, dazu gehören unser Alter, unser Geschlecht und unsere Erbfaktoren, die uns durch unsere Gene mitgegeben wurden.

Die sieben Chancen gegen den Infarkt!

Es gibt jedoch Risikofaktoren – ich nenne sie Chancen – die wir selbst durch unsere Ernährung und unsere Lebensweise positiv beeinflussen können. Liebe Leserinnen und Leser, mir kommt es besonders darauf an, diese Chancen zu betonen und Ihnen Mut zu machen. Wir sind der Haupttodesursache hierzulande, den Herz-Kreislauf-Erkrankungen, nicht hilflos ausgeliefert. Wir haben sieben Chancen, diese Risikofaktoren zu unseren Gunsten vorteilhaft zu beeinflussen. Fangen Sie einfach an, Ihre Chancen zu nutzen.

1.
Risikofaktor "Stress" =
Chance "Bewegung und Entspannung"

Sicher werden Sie jetzt sagen, was soll ich denn gegen den Stress unternehmen, schließlich mache ich mir den Stress ja nicht selbst, sondern die Anderen bringen mir den Stress. Meine Arbeitskollegen stressen mich, meine Familie stresst mich, der Berufsverkehr morgens zur Arbeit stresst mich, die Nachrichten, die ich jeden Tag höre, stressen mich, mein ganzes Leben ist eigentlich ein Dauerstress. Natürlich kann man die Liste der Stressfaktoren noch beliebig erweitern und jeder wird für sich noch einige spezielle Gründe finden. Es ist daher von großer Notwendigkeit den aufgebauten Stress abzubauen.
Aber wie? Versuchen Sie es doch mal mit Entspannungsübungen wie Yoga, Tai-Chi, Qi Gong, autogenes Training oder machen Sie es wie ich und gehen laufen, radfahren oder inlineskaten. Natürlich geht auch jede andere Art von Ausdauersport. Wichtig dabei ist nur, dass Sie sich bei Ihren sportlichen Aktivitäten aus falschem Ehrgeiz nicht wieder unter Stress setzen. Egal für welche Methode Sie sich für Ihren persönlichen Stressabbau entscheiden, Sie haben damit einen wichtigen Faktor positiv beeinflusst.

2.
Risikofaktor "Diabetes" =
Chance "Mediterrane Küche und Bewegung"

Ich möchte hier besonders den Diabetes Typ II ansprechen, den so genannten Altersdiabetes, wobei die Bezeichnung Altersdiabetes nicht mehr stimmt, denn immer mehr Menschen erkranken schon in jüngeren Jahren an dieser Volkskrankheit. In den USA sind schon ein Drittel aller Diabetespatienten zwischen zehn und 19 Jahre alt.

Beim Diabetes Typ II leidet die Zelle unter einer Insulinresistenz. Insulin ist genügend vorhanden, nur die Zelle hört nicht auf die Signale des Insulins. Irgendwann ist die Bauchspeicheldrüse erschöpft und stellt die Insulinproduktion ein. Dabei ist es gar nicht so schwierig, etwas gegen Diabetes zu unternehmen.
Aber wie? Die mediterrane Küche gilt geradezu als Paradebeispiel für die Ernährung von Diabetikern, aber auch um eine Diabeteserkrankung zu vermeiden. Halten Sie sich einfach an die neue Tellermitte in diesem Buch. Gewichtsabnahme und sportliche Aktivität unterstützen die Vermeidung oder die positive Beeinflussung von Diabetes.
Also – Mediterrane Küche und Bewegung können dem Diabetes Einhalt gebieten, und Sie haben wieder einen Risikofaktor vorteilhaft beeinflusst.

3. Risikofaktor "Rauchen" = Chance "Rauchen einstellen – sofort"

Eine Zigarette verengt Ihre Blutgefäße um 40% – für sechs Stunden. Nikotin erhöht den Blutdruck, beschleunigt den Herzschlag und sorgt dafür, dass doppelt so viel vom Stresshormon Adrenalin in Ihren Adern fließt. Rauchen erhöht das Herzinfarktrisiko um das Zehnfache. Ein Raucher füllt seine Lungen jedes Jahr mit einer Tasse reinem Teer. Durch das Rauchen verliert man fünf bis sieben Lebensjahre. Rauchen fördert den grauen Star, chronische Bronchitis, periphere Durchblutungsstörungen, Lungenkrebs, Krebsarten in der Mundhöhle, Speiseröhrenkrebs, Nierenkrebs und Blasenkrebs. Wie Sie sehen, können durch das Rauchen eine ganze Reihe von Krankheiten entstehen – Entschuldigung, ich muss mich korrigieren – eine ganze Reihe von vermeidbaren Krankheiten entstehen. Das Beste ist, mit dem Rauchen aufzuhören.
Aber wie? Ich weiß, es ist leicht gesagt, hören Sie mit dem Rauchen auf, denn so leicht ist das nicht. Es gibt viele Methoden, die Sie anwenden könnten: Die Schlusspunkt-Methode, Akupunktur, die verhaltenstherapeutische Methode, das Rauchertelefon oder Nikotinersatz-Präparate. Die Liste der Entzugsmethoden ist sicherlich nicht vollständig, aber dieses Buch erhebt auch nicht den Anspruch eine Anleitung zur Raucherentwöhnung zu sein. Ich möchte Sie vielmehr motivieren, Ihre Chancen in dem Verzicht des Rauchens zu sehen. Ich wünsche Ihnen viel Erfolg dabei – es lohnt sich immer.

4. Risikofaktor "Erhöhte Blutfette" = Chance "Olivenöl und Bewegung"

Zu den Blutfetten gehören das Cholesterin und die Triglyceride. Das Cholesterin teilt man wiederum in das HDL- und das LDL-Cholesterin ein. Im Volksmund HDL, das gute Cholesterin, und LDL, das schlechte Cholesterin. Erhöhte Cholesterinwerte können dafür verantwortlich sein, dass sich unsere Blutbahnen im Laufe der Jahre stark verengen, wir sprechen dann von einer Arteriosklerose. Im schlimms-

ten Falle verstopft ein Blutgerinnsel das Gefäß und führt zum Herzinfarkt oder Schlaganfall. Es ist deshalb von großer Bedeutung Ihre Blutfette im Normbereich zu halten.
Aber wie? Zunächst ist es erst mal wichtig seine eigenen Blutfettwerte zu kennen. Gehen Sie zum Arzt und lassen diese feststellen. Es ist erschreckend, wie viele Menschen in der Bevölkerung ihre eigenen Blutwerte nicht kennen, dabei tut messen überhaupt nicht weh. Ein Drittel der Bevölkerung kennt seine Blutwerte, das heißt aber auch zwei Drittel kennen sie nicht. Wenn Sie nun feststellen, Ihre Werte sind nicht im Normbereich, haben Sie mehrere Möglichkeiten, diese positiv zu verändern. Mediterrane Küche mit Olivenöl als Hauptfettquelle und einem geringen Anteil an tierischen Fetten kann Ihr LDL-Cholesterin und die Triglyceride senken. Moderater Ausdauersport wie Laufen, Schwimmen, Radfahren oder Nordic Walking erhöht das gefäßschützende HDL-Cholesterin. Die Beeinflussung des Cholesterins durch das Essen hat aber auch Grenzen. Es lassen sich nämlich nur ca. 10 % – 15 % des Cholesterins durch Ernährung beeinflussen. Falls dies nicht ausreicht, Ihre Werte im Normbereich zu halten, wird Ihr Arzt noch ein Medikament verschreiben. Es ist jedoch auch schon ein Gewinn, wenn durch die richtige Ernährung die Dosis des Medikaments gesenkt werden kann.

Liebe Leserinnen und Leser, ich kann aus eigener Erfahrung sagen, bei mir selbst wirken sich mediterrane Küche und Ausdauersport sehr positiv auf meine Blutfette aus. Ich lasse alle sechs Monate meine Blutwerte bestimmen und kann nur bestätigen – es funktioniert. Alle meine Werte wie Gesamtcholesterin, LDL und HDL, die Triglyceride, der Blutzucker und die Harnsäure sind in einem guten bis sehr guten Normbereich.

5.
Risikofaktor "Bewegungsmangel" =
Chance "Sich regen bringt Segen"

Mangelnde Bewegung ist in unserer heutigen modernen Zeit einer der größten Risikofaktoren für Herz-Kreislauf-Erkrankungen. Jahrtausende war der Mensch täglich 10 bis 12 Stunden in Bewegung. Heute gerade mal 20 bis 30 Minuten. Während unsere Urvorfahren ihren „Braten" täglich 10, 20, ja 30 Kilometer jagen mussten, genügt heute eine Fahrt mit dem Auto oder der U-Bahn in den Supermarkt und mit der Rolltreppe in die Fleischabteilung. Am Arbeitsplatz sitzen wir dann acht Stunden lang in einer Position, die für unseren Körperbau eigentlich nicht gedacht war. In unserer Freizeit reicht unser Bewegungsdrang dann oft nur noch zum Gang vor den Fernseher oder den Computer. Eigentlich schade. Wir sind nämlich von der Schöpfung zum Läufer ausgestattet mit Muskeln und Sehnen, die nun auf dem Stuhl im Büro oder auf dem Sofa verkümmern. Die gesundheitlichen Folgen unserer mangelnden Bewegung

CHIPS

sind Übergewicht und die daraus entstehenden Krankheiten. Deshalb mein Rat – Mensch beweg dich. Es ist nie zu spät.
Aber wie? Wichtig ist, sprechen Sie zuerst mit Ihrem Arzt, welche sportliche Betätigung für Sie in Frage kommt. Vielleicht ist auch erst ein Gesundheitscheck nötig, um Ihre Leistungsfähigkeit festzustellen. Lassen Sie sich dadurch nicht entmutigen, es muss nicht gleich der Marathonlauf sein. Ich habe es am eigenen Leib erfahren, dass sich auch ein sportlich völlig untrainierter Körper wieder an körperliche Aktivität gewöhnen kann. Auch ich habe erst vor 12 Jahren mit dem Laufen begonnen. Sport war vorher für mich nie wichtig, heute gehört die Bewegung zu meinem Tagesablauf. Ich weiß heute, wie wichtig das ist. Die besten Ausdauersportarten für Ihr Herz: Wandern, Laufen, Walken, Nordic Walking, Radfahren, Schwimmen, Rudern, Skilanglauf, Aquajogging oder Inline-Skating. Egal für was Sie sich entscheiden – Ihr Herz wird es Ihnen danken.

„Die Zeit, die wir in jüngeren Jahren nicht in Bewegung und gesundes Essen investiert haben, müssen wir in späteren Jahren für unsere Krankheiten investieren"

6.
Risikofaktor "Bluthochdruck" = Chance "Mittelmeerküche und Bewegung"

Ein niedriger Blutdruck ist Garant für Gesundheit und ein langes Leben. Ein hoher Blutdruck wandelt dies jedoch ins Gegenteil um. Er verletzt vor allem die kleinen Blutgefäße mechanisch. Werden die Zellen der Gefäßwände zerstört, lagern sich Cholesterin und Nahrungsfette ein. Als Folge entstehen Arteriosklerose, Herzinfarkt und Schlaganfall. Hohe Blutdruckwerte gehören heute zu den Volkskrankheiten in Deutschland. Deshalb ist die Normalisierung des Blutdrucks eine der wichtigsten Aufgaben unserer heutigen Zeit.
Aber wie? Um den Blutdruck zu senken, müssen Sie nicht gleich Medikamente nehmen. Schon mit jedem Kilo Körpergewicht, das schwindet, sinkt auch der Blutdruck um 2 mmHg. Täglich 30 Minuten Ausdauertraining helfen den Blutdruck zu senken. Machen Sie die Mittelmeerküche zu Ihrer Standardküche, sie liefert eine Vielzahl von Vitalstoffen, die den Blutdruck senken. Schränken Sie Ihren Alkoholkonsum ein, mehr als 30 Gramm pro Tag kann den Blutdruck dauerhaft erhöhen – also lassen Sie das dritte Glas weg.

7.
Risikofaktor "Übergewicht" = Chance „Bewegung, Bewegung, Bewegung"

Die Weltgesundheitsorganisation warnt: Eine chronische Krankheit breitet sich über den ganzen Globus aus und lässt die Pfunde wuchern. Bereits 41 Millionen Deutsche haben zu viel auf den Rippen und fallen unter die Rubrik „übergewichtig". Bei der ersten Auflage dieses Buches gehörten wir Deutschen „nur" zu den dicksten Europäern – heute sind wir „die" dicksten Europäer. Übergewicht führt in der Folge zu hohem Blutdruck. Wer innerhalb von 8 Jahren 20 Kilo zulegt, verzwölffacht sein Diabetesrisiko. Übergewicht begünstigt schmerzhafte Gelenkerkrankungen wie Arthrose und Gicht. Weitere mögliche Begleiterscheinungen sind ein hoher Cholesterinspiegel, orthopädische Probleme und ein höheres Risiko für Krebserkrankungen. Bei so viel Schreckensmeldungen bleibt nur eines – Übergewicht abbauen und vermeiden.

„Wer sich bewegt, wird nicht dick, und wer dick ist und sich bewegt, nimmt ab"

Aber wie? „Jedes Pfund geht durch den Mund", eine Aussage meines stellvertretenden Küchenleiters in der Klinik – er hat recht. Wenn unsere Ernährung für das Übergewicht verantwortlich ist, dann können wir auch das Gegenteil erreichen. Meiden Sie Fertigprodukte. Mittelmeerküche mit viel Gemüse, Obst und Salat hilft Ihnen bei Ihrem Gewichtsmanagement, verwenden Sie Oliven- und Rapsöl für Ihre Küche. Meiden Sie stark zuckerhaltige Getränke und vermeiden Sie industrielle Kohlenhydrate. Aber vor allem – bewegen Sie sich.

Das Fazit:
Die beeinflussbaren Chancen überwiegen die nichtbeeinflussbaren Risikofaktoren

Liebe Leserinnen und Leser, auf den vorherigen Seiten habe ich Ihnen aufgezeigt, dass die Risikofaktoren für Herzinfarkt und Schlaganfall vielfältiger Natur sind. Es ist meist ein Zusammenspiel mehrerer Faktoren, die aufeinander treffen. Jahrzehntelang hat man den Menschen mit Drohungen Angst gemacht, wenn sie sich nicht an die gesundheitlichen Empfehlungen halten, ereilt sie diese oder jene Krankheit. Wie wir heute wissen, hat diese Methode nicht wirklich funktioniert. Die großen Volkskrankheiten wie Übergewicht, Diabetes und Herz-Kreislauf- Erkrankungen sind weiterhin ständig auf dem Vormarsch.

Sollten wir vor diesem Hintergrund nicht lieber die vielen Möglichkeiten hervorheben, die wir haben, Herz-Kreislauf-Erkrankungen zu vermeiden? Ich möchte Sie ermutigen, die vielen Chancen für Ihre Zukunft zu erkennen und zu nutzen.

Mehr Chancen als Risiken

Bewegung ist Leben

Liebe Leserinnen und Leser, natürlich ist eine ausgeglichene Ernährung ein wichtiger Grundbaustein für gesundes Leben und Vitalität. Aber das alleine reicht noch nicht, denn tägliche Bewegung und körperliche Aktivität ergänzen die mediterrane Küche besonders gut. Der Erfolg, den Sie mit der Mittelmeerküche und moderater körperlicher Bewegung erzielen können, wird Sie überraschen.

„Sich regen bringt Segen“ oder „Wer rastet, der rostet“ – diese Aussagen kennen Sie bestimmt alle. Doch mit unserer Bewegung ist es nicht so gut bestellt. Während unsere Urvorfahren noch 30 Kilometer am Tag zu Fuß unterwegs waren, um Wurzeln, Knollen und Wildgemüse zu sammeln oder zu jagen, legen wir im Schnitt nur noch 2 Kilometer pro Tag mit unseren eigenen Beinen zurück. Den Rest unserer Bewegung erledigen das Auto, der Fahrstuhl oder die Rolltreppe.

Unsere Ernährung und die Lebensweise passen nicht mehr zusammen

Überlegen Sie mal, wie sich unsere Vorfahren ernährt haben und wie viele Arbeiten sie noch mit den Händen erledigt haben oder wie viele Wege sie zu Fuß zurückgelegt haben. Wir müssen heute körperlich nicht mehr so schwer arbeiten, wir essen aber oft wie Schwerstarbeiter und plötzlich passen Ernährung und Bewegung nicht mehr zusammen. Mit der Folge: Wir leiden an Übergewicht, Diabetes, erhöhten Cholesterinwerten, Gicht und Herz-Kreislauf-Erkrankungen.

„Ein Mann, der keine Zeit hat, sich um seine Gesundheit zu kümmern, ist wie ein Handwerker, der keine Zeit hat seine Werkzeuge zu pflegen"

Was will ich Ihnen damit sagen? Unser wichtigstes Werkzeug im Leben ist unsere Gesundheit, es gibt nichts Wichtigeres. Wir merken es leider immer erst dann, wenn wir gerade nicht gesund sind. Viele sagen auch, ich würde mich ja gerne um meine Gesundheit kümmern und mehr Sport machen, aber ich habe keine Zeit. Es gibt Veröffentlichungen, die besagen, wir Deutschen sitzen am Tag vier Stunden vor dem Fernseher. Natürlich wird das keiner zugeben, aber nehmen wir mal an, es könnte so sein. Wenn Sie von diesen vier Stunden nur eine Stunde für sportliche Aktivität investieren würden und von den restlichen drei Stunden eine halbe Stunde nehmen und sich ein mediterranes Gericht kochen und dieses Gericht in Ruhe, vielleicht bei einem guten Gespräch, genießen können, werden Sie erstaunt sein, welchen Erfolg Sie in Bezug auf Ihre Gesundheit erzielen können.

Ich spreche mit vielen Menschen in meinen Kursen über mediterrane Küche und Bewegung, die dann zu mir sagen: „Ja hätte ich das früher gewusst, mit welch' einfachen Mitteln ich meine Gesundheit positiv beeinflussen kann.“ Es braucht nicht viel, um mit gesunder genussvoller Ernährung und etwas Bewegung mehr Vitalität und Lebensfreude zu erlangen.

Bewegung soll Spaß machen

Es ist zunächst auch ganz gleichgültig, für welche Sportart Sie sich entscheiden, wichtig ist nur, dass Sie sich bewegen und dass es Ihnen Spaß macht. Ich selbst habe vor über zwölf Jahren als vollkommen unsportlicher Mensch mit dem Laufen begonnen und so am eigenen Leib erfahren, welche Wirkung Sport in Verbindung mit mediterraner Küche auf den Körper hat. Mittlerweile ist mein Körper so trainiert, dass er auch einen Marathonlauf übersteht. Ich möchte Sie aber nicht alle zu Marathonläufern machen, denn so gesund ist ein Marathonlauf für den Körper nun auch nicht und eigentlich ist regelmäßiger moderater Sport besser für unseren Körper als einmalige Höchstleistung.

Ausdauersport hilft Herz-Kreislauf-Erkrankungen zu vermeiden

Als besonders erwähnenswert erscheint mir jedoch die Tatsache, dass Sie mit regelmäßigem Ausdauersport viele Risikofaktoren für Herz-Kreislauf-Erkrankungen vermeiden oder senken können. Nehmen wir zunächst den Stress, er lässt sich durch regelmäßige körperliche Aktivität positiv beeinflussen. Der gesamte Muskelapparat wird kräftiger, widerstandsfähiger und besser durchblutet. Das schlechte LDL-Cholesterin wird gesenkt, im Gegenzug wird das gute HDL-Cholesterin gestärkt. Die Anzahl der Killerzellen steigt an, die Kraft der Immunzellen, Bakterien, Viren und auch Krebszellen zu vernichten, nimmt zu. Das gesamte Herz-Kreislaufsystem wird kräftiger und bringt mehr Leistung. Der Ruhepuls sinkt. Das Herz kann sich besser erholen – lebt länger. Der Blutdruck normalisiert sich. Die Lunge wird kräftiger, der ganze Körper wird vermehrt mit Sauerstoff versorgt. Die Bauchspeicheldrüse muss nicht mehr so viel Insulin produzieren. Die Körperzellen werden empfindlicher gegenüber dem blutzuckersenkenden Insulin. Das mindert das Risiko, an Altersdiabetes zu erkranken. Sie sehen also, man kann mit regelmäßiger Bewegung sehr viel erreichen, ich sagte ja eingangs: Bewegung ist Leben.

Der Autor beim Marathonlauf.

Bewegung hat viele positive Begleiterscheinungen

Marathon
oder der lange Lauf unseres Lebens

Liebe Leserinnen und Leser, ich laufe einmal im Jahr einen Marathon – oder einen Halbmarathonlauf. Ich erzähle Ihnen das nicht, um damit anzugeben, denn meine Zeiten beim Marathonlauf sind nicht so gut, um damit anzugeben (letzte Halbmarathonzeit 1.53 Stunden für 21 Kilometer). Es ist auch nicht mein Ziel, beim Laufen möglichst schnell zu sein, denn ich glaube darum geht es nicht beim Laufen. In unserer heutigen Zeit zählt leider nur Höchstleistung – immer schneller, immer weiter, immer höher, immer erfolgreicher, immer reicher, aber ist das wirklich der Sinn unseres Lebens?

Ihr Deutschen, wollt alle bald sterben!

Diese Bemerkung hat ein alter Kreter unter einem jahrhundertealten Olivenbaum zu mir gesagt:

„Ihr Deutschen rennt so in euerem Leben, als möchte jeder von euch der Erste im Ziel sein. Doch was ist das Endziel in unserem langen Lebenslauf, es ist der Tod. Und jeder von euch rennt, als möchte er der Erste sein, der das Ziel erreicht. Ihr vergesst bei diesem Lauf – das LEBEN findet während des Laufes statt – und nicht im Ziel."

Liebe Leserinnen und Leser, diese Aussage hat mir sehr zu denken gegeben. Hat der alte Mann nicht recht ? Nicht derjenige, der am schnellsten läuft, ist der Sieger, sondern der, der am längsten laufen kann und dies bei guter Gesundheit und Vitalität.

Was hat der Marathon mit dem Leben zu tun?

Bei einem Marathonlauf ist man ziemlich lange auf den eigenen Beinen unterwegs – zumindest ich – 4.43 Stunden für 42,195 km. Das ist keine gute Zeit für echte Marathonläufer. Aber mir ist aufgefallen, der Marathonlauf und der Lauf unseres Lebens haben viele Gemeinsamkeiten. Der Marathon dauert 42,195 km, der Lauf unseres Lebens unter guten Umständen bis zu 100 Jahren und mehr. Wenn ich den Marathon laufen will, muss ich mich gut vorbereiten, ich muss trainieren, ich muss meine Kohlenhydratspeicher füllen, muss meine Muskeln und Sehnen stärken, muss meinen Körper auf diesen langen Lauf vorbereiten. Ich muss das Richtige essen, muss mein Körpergewicht im Rahmen halten, denn jedes Kilo zuviel auf den Rippen schmerzt spätestens nach 30 Kilometern, aber es kommen ja noch einmal 12 km, die man laufen muss. Als Freizeitläufer sollte man während eines Laufes essen und trinken, aber in der optimalen Menge, nicht zu viel und nicht zu wenig. Während des Laufes ist es wichtig, das Tempo optimal einzuteilen, ich darf nicht zu schnell laufen, darf nicht meine Kraft auf den ersten

Kilometern vergeuden. Ich habe beim Marathon Läufer gesehen, die schon nach 20 Kilometern aufgeben mussten – sie wollten die Schnellsten sein und haben dabei vergessen, dass der Lauf noch sehr lange geht. Sie wollten gewinnen und haben das Ziel nicht erreicht. Auf den letzten zehn bis zwölf Kilometern ist es besonders wichtig zu essen und zu trinken, denn der Körper ist schon geschwächt durch den Lauf. Die Reserven müssen wieder aufgefüllt werden für den Schlussspurt ins Ziel. Für mich geht es beim Laufen nicht darum der Schnellste zu sein, ich möchte das Ziel erreichen. Wenn ich von einem Lauf zurückkomme, fragen mich oft Bekannte – wie war deine Zeit? Wie Sie schon wissen, ist die Zeit für mich nicht so wichtig. Ich werde selten gefragt, wie ging es dir nach dem Lauf, hat dir etwas wehgetan, konntest du am nächsten Tag wieder arbeiten, wie waren deine Blutwerte. Für mich ist wichtig einen Lauf gesund zu überstehen und das Ziel zu erreichen.

Wie ist nun unser Lauf des Lebens?

Ich glaube unser Lauf des Lebens ist ähnlich wie der Marathonlauf. Es ist von entscheidender Bedeutung, wie wir unsere Lebenskraft, die eigentlich für 100 und mehr Jahre gedacht war, einteilen. Vergeuden wir schon in den ersten 30 bis 40 Jahren wertvolle Lebenskraft, fehlt uns oft diese Energie, um die zweite Lebenshälfte in Gesundheit und Vitalität zu genießen. Ich meine, es ist überaus wichtig, dass wir frühzeitig erkennen, welche Ernährung und welche Lebensweise für unseren Körper vorteilhaft ist, um uns vor vermeidbaren Erkrankungen zu schützen. Doch wie werden wir auf diesen Lebenslauf vorbereitet? Mit das Erste, was wir im Leben von unseren Eltern lernen, ist: Sitz still und iss deinen Teller auf. Unser natürlicher Bewegungsdrang wird schon sehr früh gebremst und wir müssen essen, obwohl wir vielleicht schon satt sind.

Wir lernen, wie man sich bei Tisch benimmt und wie man aufrecht sitzt. Doch wer lernt uns eigentlich, was wir essen sollen und in welcher Menge. Da unterscheiden wir uns erheblich von der Tierwelt. Tiermütter lehren ihren Jungen zuerst, was man fressen kann, in welcher Menge und wo das Fressen zu finden ist. Tiere haben es gut, sie lernen nur was sie fressen können, sie brauchen keine Tischsitten. Vielleicht ist das der Grund, warum es im Tierreich keine ernährungsbedingten Krankheiten gibt. Das schaffen nur wir Menschen, obwohl wir so viel über gesunde Ernährung wissen. Das Problem – es macht keiner oder gesunde Ernährung macht keinen Spaß. Mehr zu diesem Thema finden Sie auf den nächsten Seiten. Bei unserem langen Lauf des Lebens ist es natürlich von großer Bedeutung, was wir und in welcher Menge wir die unterschiedlichen Lebensmittel zu uns nehmen. Es ist wie beim Marathon, das richtige Essen und das richtige Trinken in der optimalen Menge und

Zusammensetzung macht Sie zum Sieger beim Lauf Ihres Lebens. Wir sollten unsere Energiespeicher mit Lebensmitteln auffüllen, die uns zu Gewinnern in unserem Lauf des Lebens machen und uns nicht schon nach 50 oder 60 Jahren dazu zwingen, dass unser Leben durch vermeidbare Krankheiten eingeschränkt wird. Bei unserem langen Lauf des Lebens brauchen wir natürlich auch unsere Muskeln und Sehnen, ein starkes Herz, kräftige Lungen, gute Koordinationsfähigkeit und Ausdauer, damit nicht gleich jede Treppe zu einem Gipfelsturm wird, der uns die Puste nimmt. Kurz gesagt, es ist wie bei einem Marathon, unser Körper muss ständig in Bewegung bleiben. Ab dem 30. Lebensjahr bauen unsere Muskeln wieder ab, das heißt wir müssen sie trainieren, sie benutzen, um sie zu erhalten. Deshalb denken Sie daran – Bewegung ist Leben. Gerade in der zweiten Hälfte unseres Lebens ist es wichtig, auf eine ausgewogene Ernährung und genügend Bewegung zu achten, denn mit dem Alter steigen auch die Risiken für Herz-Kreislauf-Erkrankungen und wie wir alle wissen, unser Alter ist leider nicht zu beeinflussen. Daher ist es umso wichtiger, die Risikofaktoren auszuschließen, die wir selbst beeinflussen können. Sie werden jetzt wahrscheinlich denken, es sei ganz schön kompliziert, seine Gesundheit über Jahrzehnte hinweg zu erhalten. Eigentlich ist es ganz einfach, unser Wohlergehen und die Lebenskraft zu erhalten. Mediterrane Küche an über 300 Tagen im Jahr und tägliche moderate Bewegung helfen, Ihnen Ihre Gesundheit zu erhalten. Das einzige Problem dabei ist – Sie müssen die Prioritäten für Ihr Leben vielleicht neu ordnen.

Die folgende Lebensweisheit soll Ihnen dabei eine kleine Hilfe sein.

„Wir laufen jahrelang auf Kosten unserer Gesundheit dem Geld und dem Erfolg hinterher mit der Folge, dass wir in späteren Jahren unser gesammeltes Geld wieder investieren müssen, um Gesundheit und Vitalität für den Rest unseres Lebens zu erlangen"

Die Laufschuhe des Autors.

Die Pflanzen machen es uns vor – Vitalität und Schönheit trotz widriger Umstände.

Warum haben die herkömmlichen Ernährungsempfehlungen und Diäten keinen Erfolg?

Viele der immer wieder gepredigten Ernährungsempfehlungen in der Vergangenheit basierten auf Diät und Verzicht. Man hat den Menschen bestimmte Lebensmittel verboten oder empfohlen und Diäten aufgezeigt, die nicht attraktiv und schon gar nicht genussvoll waren. Mit der Folge: Diese Empfehlungen wurden nicht eingehalten oder konnten im Kreise der Familie nicht über einen längeren Zeitraum umgesetzt werden. Die Konsequenz daraus ist:

Die Menschen essen wie früher, heute nur mit einem schlechten Gewissen!

Wir Menschen wollen genießen!

Ein schlechtes Gewissen hält aber die wenigsten Menschen von einer unvorteilhaften Ernährung ab. Oft ist sogar das Gegenteil der Fall. Diät und Verzicht werden häufig auch gleichgesetzt mit dem Verlust an gutem Essen und darauf zu verzichten, fällt den meisten Menschen sehr schwer. Mir übrigens auch. Aus meinen 18 Jahren Arbeit in der Rehaklinik und im Akutkrankenhaus habe ich eines gelernt: Ein Patient kann noch so krank sein, sobald er das Gefühl hat, die Diät oder das Essen, das er nun für den Rest seines Lebens beibehalten soll, nimmt ihm jeglichen Genuss am Essen, dann wird dieser Patient überhaupt nichts ändern. Warum? – Weil es nicht geht. Wir Menschen wollen genießen und dieser Zustand ist nicht veränderbar. Die Frage, die jedoch bleibt, ist – was ist Genuss?

Was ist Genuss?

Genuss ist: ein knuspriger, ofenfrischer Schweinebraten mit hoffentlich Blau- oder Weißkraut und zwei Kartoffelknödeln, dazu eine Maß Bier. Oder: ein großes Schweineschnitzel in Butterschmalz gebacken mit Pommes frites, Majo und Ketchup, dazu eine große Cola.
Genuss ist aber auch: ein in Olivenöl gebratenes Lachsfilet mit frischem, duftendem Pfannengemüse, gewürzt mit selbstgemachtem Pesto und aromatischen Rosmarinkartoffeln. Oder: ein goldbraunes Zitronenhühnchen aus dem Ofen mit Schmorgemüse und knuspriger Polenta.

Meine Genussregel: 300 Tage im Jahr mediterraner Genuss – aber auch 65 Tage deftiger Genuss

Sie merken, worauf ich hinaus will, es ist die Art des Genießens, die es ausmacht. Wenn wir es schaffen, den Menschen eine gesunde Art des Genusses, nämlich mediterrane Küche, anzubieten, dann bin ich davon überzeugt, dass wir viele schmackhafte Chancen für die Zukunft haben, um Menschen vor dem Infarkt zu bewahren.

Auftrag der Köche

Liebe Leserinnen und Leser, aus meiner langjährigen Erfahrung in der Klinikküche weiß ich, dass es für einen Patienten äußerst schwierig ist, eine vom Arzt verordnete Ernährungsweise oder gar eine Diät über einen längeren Zeitraum im Kreise seiner Familie einzuhalten. Ich habe mir deshalb Gedanken darüber gemacht, welche Form der Ernährung das kann.
Ich suchte schon seit längerem nach einer Ernährungsform, die nicht den negativen Touch einer Diät hat und möglichst viele Sonderkostformen ersetzt. Dabei stieß ich auf Veröffentlichungen und Forschungsberichte über die „Mediterrane Küche“ und stellte begeistert fest, dass sie all das vereint, wonach ich lange gesucht habe. Nun ging es darum, die „Mediterrane Küche“ erstmals in einer Klinik umzusetzen.

„Wir Köche in den Kliniken haben den Auftrag, unsere Patienten an eine gesunde Ernährung heranzuführen und ihnen dabei Genuss und Lebensfreude zu vermitteln“

Es war nicht ganz einfach, im konservativen Mittelfranken mediterrane Küche zu etablieren. Es gab viele Kritiker und Zweifler, die nicht an den Erfolg der Umsetzung glaubten. Aber mit viel Mut, Engagement und Motivation ist es uns gelungen, die Gesundheitsküche vom Mittelmeer in Franken zu einem festen Bestandteil des Speiseangebots in der Klinik zu machen. Mittlerweile folgen unserem Beispiel immer mehr Kliniken, Senioreneinrichtungen und Unternehmen, die die Chancen der mediterranen Küche für ihre Patienten und Mitarbeiter erkannt haben.
Natürlich war zunächst viel Aufklärungsarbeit zu leisten, denn die meisten Menschen verstehen unter mediterraner Küche etwas anderes als ich. Bei meiner Arbeit als Berater für Kliniken und Unternehmen in Sachen mediterraner Küche höre ich oft, diese Küche kenne ich schon, das ist Pizza, Pasta und Döner mit etwas Olivenöl. Andere sagen mediterrane Küche das sind Hummer, Langusten und Riesengarnelen. Aber das ist nicht die mediterrane Küche, von der ich spreche. Ich möchte Ihnen die traditionelle mediterrane Küche, wie sie in den sechziger Jahren am Mittelmeer üblich war, näherbringen. Eine Küche mit regionalen Lebensmitteln, die sich jeder leisten kann. Wichtig ist mir dabei, dass diese Küche im Kreise der Familie umsetzbar ist, egal ob Sie Prävention betreiben wollen oder schon eine ernährungsbedingte Krankheit in der Familie vorhanden ist.

Lassen Sie sich auf den nächsten Seiten vom Wunder der mediterranen Küche überzeugen. Ich habe die größten Studien und die besondere Wirkungsweise der mediterranen Küche mit ihren vielen positiven Inhaltsstoffen für Sie aufgezeigt.

Gesunde Ernährung im dritten Jahrtausend
Das Wunder der mediterranen Küche

Es gibt viele Ursachen für Herz-Kreislauf-Erkrankungen

Fast die Hälfte aller Todesfälle in Deutschland entstehen durch Herz-Kreislauf-Erkrankungen und für nahezu ein Viertel der Sterbefälle sind unterschiedliche Krebserkrankungen verantwortlich. Ursache für die meisten Herz-Kreislauf-Erkrankungen ist die Arteriosklerose, die Verengung der Herzkranzgefäße. Eine große Rolle spielen dabei verschiedene Risikofaktoren – darunter bestimmte Erbfaktoren, Diabetes, Rauchen, Übergewicht, Bewegungsmangel, Bluthochdruck und ungünstige Ernährungsgewohnheiten.
Diese ungünstigen Ernährungsgewohnheiten können in der Folge zu risikoreichen Fettwerten im Blut führen.
Fehlernährung ist also eine von mehreren Ursachen für die Entstehung von Herz-Kreislauf-Erkrankungen. Es gab zwar in der Vergangenheit zahlreiche Ernährungsempfehlungen für Menschen mit Herz-Kreislauf-Erkrankungen, sie galten aber viele Jahre als nicht schmackhaft und zu schwierig in der Zubereitung.
Erst neuere wissenschaftliche Erkenntnisse belegen, dass die so genannte „Mediterrane Küche" die Entstehung und das Fortschreiten einer Arteriosklerose verhindern oder verlangsamen kann. In diesem Buch finden Sie nicht nur Ratschläge für die Zubereitung von Gerichten der mediterranen Küche, sondern auch Hinweise, warum gerade diese Lebensmittel nach unseren heutigen Erkenntnissen als besonders vorteilhaft angesehen werden.

Die ideale Ernährung für uns Menschen

Die mediterrane Küche gilt heute als eine ideale Ernährungsweise des Menschen. Sie enthält wertvolle Bestandteile, die Gesundheit und Langlebigkeit fördern. Es ist kein Zufall, dass internationale Studien die mediterrane Küche und besonders die ursprüngliche kretische Küche als bestes Beispiel einer gesunden Ernährung darstellen.
Es wird heute allgemein angenommen, dass die Menschen, die auf dieser gesegneten Insel lebten und sich auf herkömmliche Weise ernährten, aller Wahrscheinlichkeit nach weniger in Gefahr waren, an Herzkranzgefäßkrankheiten zu sterben. Entscheidend für diese Annahme ist die traditionelle Mittelmeerküche – nicht die heutige Küche der Mittelmeerländer. In der heutigen Zeit findet man die ursprüngliche mediterrane Küche selbst in den Ländern am Mittelmeer eher selten. Das hat mit dem steigenden Tourismus und dessen Einfluss auf das Angebot der Speisen in den Urlaubshotels zu tun. Selbst die Bewohner Kretas essen immer mehr internationale Küche anstatt ihre traditionellen Gerichte. Mit Folgen – die ernährungsbedingten Krankheiten auf Kreta steigen an.

Die Vorteile der mediterranen Küche

Sekundäre Pflanzenstoffe

Kleine Menge und großer Schutz – auf den Spuren faszinierender Stoffe

Broccoli schützt vor Krebs, Rotwein vor Herzinfarkt und Kresse vor Infektionen – in den vergangenen Jahren überschlugen sich die Meldungen über die gesundheitsfördernden Wirkungen pflanzlicher Lebensmittel. Anfang der 90er Jahre zeigten amerikanische Wissenschaftler, dass Menschen, die viel Gemüse und Obst essen, seltener an Krebs erkranken. Ein neuer Forschungszweig entstand und mehr und mehr wurden positive Wirkungen vielfältigster Art entdeckt. Inzwischen gibt es etwa 250 epidemiologische Studien, die den Zusammenhang zwischen Gemüse- und Obstverzehr und Krebsrisiko untersucht haben. Die wissenschaftlichen Arbeiten sind noch nicht abgeschlossen. Aber eins ist sicher: Je mehr Obst und Gemüse wir essen, desto mehr sinkt das Krebsrisiko sowie das Risiko für Herz-Kreislauf- bzw. Stoffwechsel-Erkrankungen.

Was sind sekundäre Pflanzenstoffe?

Unter diesem Begriff fassen Experten zahlreiche Verbindungen zusammen, die ausschließlich von Pflanzen aufgebaut werden. Sie kommen nur in geringen Konzentrationen vor und unterscheiden sich dadurch von den primären Pflanzenstoffen (Kohlenhydrate, Fette und Eiweiß). Sie dienen den Pflanzen u. a. als Abwehrstoffe gegen Krankheiten und Schädlinge, als Begleitstoffe der Photosynthese und als Farb- und Lockstoffe. Bisher sind etwa 30 000 unterschiedliche sekundäre Pflanzenstoffe bekannt, ihre tatsächliche Zahl wird weitaus höher geschätzt. Mit unserer Nahrung erhalten wir etwa 10 000 dieser Pflanzenstoffe.

Wie wirken sekundäre Pflanzenstoffe?

Erst seit einigen Jahren werden diese Stoffe systematisch untersucht. Vieles deutet darauf hin, dass sie unserem Körper helfen, gesund zu bleiben. So schützen bestimmte sekundäre Pflanzenstoffe vor Herz-Kreislauf-Erkrankungen und Krebs. Es gibt Hinweise darauf, dass sie im Stande sind, die Verwandlung einer gesunden Zelle in eine Krebszelle zu stoppen. Aber auch ganz andere gesundheitsfördernde Wirkungen wurden gefunden: Manche sekundäre Pflanzenstoffe bekämpfen Bakterien, Viren und Pilze, andere wiederum senken den Cholesterinspiegel, wirken gegen Entzündungen, beeinflussen den Blutzuckerspiegel oder stärken die Immunabwehr des Körpers.

Die Bewohner der Bergdörfer Kretas sammeln auch heute immer noch wie vor Jahrhunderten wilde Kräuter und Salate für verschiedene Gerichte. Manche Salate werden kurz mit heißem Wasser übergossen und anschließend mit Essig und Öl zu einem köstlichen Gericht. Andere wiederum sind Zutaten von warmen Gerichten wie das kretische Lammfrikassee mit viel Gemüse und Salat, abgeschmeckt mit Zitrone und Dill. Der kretische Portulak ist beispielsweise ein fester Bestandteil des Hirtensalates mit Gurken, Tomaten, Zwiebeln und Schafskäse.

Ernährungspyramide Zusammenstellung der Lebensmittel für eine modifizierte mediterrane Küche

Die traditionelle mediterrane Küche besteht aus vielen wohlschmeckenden Lebensmitteln, die saisonal auf einfache Weise zubereitet werden.

Mediterrane Küche bedeutet keinesfalls Diät und Verzicht, sondern eine Vielfalt an unterschiedlichen Lebensmitteln, die leicht an den persönlichen Geschmack angepasst werden können. Die bodenständige Zubereitung sowie die Fülle der verwendeten Kräuter, Gewürze und Aromen sind der beste Garant für eine Küche mit gesundheitsfördernden Eigenschaften. Kurz gesagt - mediterrane Küche ist Genuss an gutem, gesundem Essen gepaart mit Lebensfreude und Vitalität. Optimalerweise ergänzen Sie die Mittelmeerküche mit täglicher Bewegung.

„Im GENUSS wirken alle Sinne zusammen"

Die neue Tellermitte

Die Lebensmittelpyramide auf der vorherigen Seite ist eine oft benutzte Darstellung für eine Ernährungszusammenstellung. Doch wer isst denn schon von einer Pyramide? Ich habe deshalb meine Empfehlungen für die mediterrane Küche auf den Teller gebracht, von dem wir ja schließlich alle essen. Wenn Ihr bisheriger Teller vielleicht so zusammengestellt war, wie der Teller oben rechts, dann wäre mein Vorschlag für Ihre neue Tellermitte der Teller unten links.

„Essen ist eine Notwendigkeit. Aber mit Verstand zu essen ist eine Kunst"
La Rochefoucauld

Sekundäre Pflanzenstoffe – wilde Kräuter und Salate für köstliche Gerichte, vom Autor auf Kreta gesammelt.

Was ist „Mediterrane Küche"?

Wenn ich von mediterraner Küche spreche, lege ich die Ernährungsweise der Mittelmeerländer in den 60er-Jahren zugrunde, wie sie heute oft nur noch in den Bergdörfern oder den ländlichen Gegenden ums Mittelmeer zu finden ist. Der Unterschied dabei ist, dass wir für diese Form der Küche unsere regionalen Lebensmittel einsetzen und die Gerichte auf unsere gewohnte Lebensweise abstimmen. Ich spreche deshalb auch von einer modifizierten mediterranen Küche.

Die Zusammensetzung der original mediterranen Küche

- Reichlicher Verzehr von frischem, roh oder wenig verarbeitetem Gemüse und Salate regionaler Herkunft.
- Bedarfsgerechter Verzehr von kohlenhydratreichen Lebensmitteln wie dunkles Brot, Getreideerzeugnisse, Nudeln, Kartoffeln und Reis.
- Hülsenfrüchte wie Erbsen, Bohnen und Linsen als Salate, Pürees und Eintöpfe ergänzt mit Gemüse.
- Regionale Nüsse und Samen zum Verfeinern der Gerichte.
- Großzügige Verwendung von frischen Kräutern und Knoblauch kombiniert mit frischem Gemüse und Salaten.
- Olivenöl und Rapsöl als Hauptfettquelle für Salate und zum Kochen.
- Mäßiger Verzehr von Fisch, Geflügel und fettarmen Milchprodukten.
- Geringer Verzehr von rotem Fleisch und Eiern.
- Mäßiger Genuss von Alkohol (bevorzugt Rotwein) zum Essen.

„Lass das Essen deine Medizin sein und die Medizin deine Nahrung"
Hippokrates

Diesen Lehrsatz hat Hippokrates bereits 400 Jahre vor Christus niedergeschrieben und er hat bis heute nichts an Aktualität verloren. Gesundheit und Ernährung hängen eng zusammen.

Die Insel Spinalonga in der Bucht von Elounda (Kreta).

Die Gelassenheit der Kreter

Das Geheimnis für ein langes Leben?

Liebe Leserinnen und Leser, mediterrane Küche, so wie ich sie Ihnen in diesem Buch schmackhaft machen möchte, ist sicherlich ein Jungbrunnen für Ihre Gesundheit und Vitalität. Aber die oft bestaunte Gesundheit der Bewohner in den Mittelmeerländern und ganz speziell der Bewohner Kretas hat noch andere Ursachen als nur den hohen Verzehr von Gemüse und Salaten in Verbindung mit bestem Olivenöl.

Zeit zum Essen, Genießen und Reden

Wenn man in den Städten oder Dörfern Kretas unterwegs ist, sieht man nicht selten ganze Großfamilien vom Kleinkind bis zu den Großeltern in einer Taverne beim Essen sitzen. Diese Familienzusammenkünfte finden nicht nur an Feiertagen oder Familienfesten statt, sondern auch ohne einen besonderen Anlass. Das Auffällige bei diesen Zusammentreffen ist, man nimmt sich ausgiebig Zeit zum Essen im Kreise der Familie, für Unterhaltungen und für Diskussionen. Wenn ich bei meinen kretischen Freunden zum Essen eingeladen bin, ist das für mich nicht nur ein kulinarisches Erlebnis und eine willkommene Gelegenheit, neue Rezepte kennen zu lernen, sondern auch eine Lehrstunde für Gelassenheit und Zeit zum Genießen. Zeit – keiner hat sie heute mehr bei uns. Keine Zeit zum Kochen, keine Zeit zum Essen, keine Zeit zum Genießen und keine Zeit um gute Gespräche zu führen. Ich habe festgestellt, dass es in der Lebensweise der Kreter und unserer Lebensweise hierzulande einen großen Unterschied gibt. In Kreta, aber auch in anderen Ländern um das Mittelmeer, wird Zeit zum Essen und Genießen großgeschrieben. Man nimmt sich ausreichend Zeit für die Zubereitung der Gerichte, aber auch zum Essen und Genießen. Ein Essen im Kreise der Familie kann durchaus drei bis vier Stunden dauern. Das Besondere am Essverhalten der Kreter liegt wahrscheinlich auch an der Art, wie die Gerichte in der Taverne, aber auch zu Hause auf den Tisch kommen. Nicht jeder Gast bestellt ein Gericht für sich alleine, sondern alle Gäste bestellen zusammen mehrere Gerichte aus der Speisekarte. Es werden Vorspeisen, Salate, Oliven, Gemüsegerichte, Fleisch- oder Fischgerichte bestellt und der Wirt bringt diese Gerichte nach und nach auf kleinen Tellern seinen Gästen. Jeder Gast erhält einen leeren Teller und bedient sich von den verschiedenen Gerichten. Diese Art des Essens fördert natürlich die Kommunikation bei Tisch. Man unterhält sich über die Qualität der Gerichte, über deren Zubereitung und wie man es wohl zu Hause am eigenen Herd kochen würde. Es ist eine sehr entspannte Art des Essens. Oft haben solche Tavernen einen Garten und der Blick schweift über Olivenhaine oder das blaue Meer. Der Vorteil dieser Küche ist, der Gast kann mehrere Speisen genießen und muss sich nicht auf ein Gericht festlegen.

Innere Ruhe und Gelassenheit schaue ich mir bei den Kretern ab

Zum Schluss dieses Kapitels sei mir noch eine Anmerkung erlaubt. Immer wenn ich zu den „Herzwochen" auf Kreta fliege, brauche ich ein bis zwei Tage um richtig anzukommen. Was ich damit sagen möchte, in mir steckt noch das deutsche Tempo und die Hektik des Berufsalltags. Nach zwei Tagen stellt sich innere Ruhe und Gelassenheit ein, die die Bewohner Kretas das ganze Jahr über in sich tragen und dies wirkt anstekckend. Wenn ich von Kreta wieder in Deutschland bin und mich der berufliche Alltag wieder eingefangen hat, benötige ich wieder ein bis zwei Tage um mich auf die Hektik und Hast hierzulande einzustellen – obwohl ich darauf sehr gut verzichten könnte. Mein Umfeld sagt dann, hoffentlich legt der Wüchner bald seine kretische Ruhe wieder ab – aber eigentlich möchte ich das überhaupt nicht. Ich versuche jedesmal, mir meine innere Ruhe und Gelassenheit so lange wie möglich zu erhalten, denn ich bin davon überzeugt, die Gelassenheit der Kreter und die Sichtweise von Problemen und Schwierigkeiten tragen in großem Maße zur Gesundheit auf der Mittelmeerinsel bei. Ich denke oft an den Vergleich des Olivenbaumes mit den Bewohnern Kretas. Er bringt nur alle zwei Jahre seinen vollen Ertrag. Nach einem ertragreichen Jahr ruht der Olivenbaum, schont sich und sammelt seine Kräfte für das folgende Jahr. Das Wissen, dass der Olivenbaum über tausend Jahre alt werden kann und somit mehrere Generationen überlebt, scheint den Einheimischen ein Vorbild zu sein. Die Bewohner in den Dörfern Kretas erwecken den Eindruck, als eiferten sie dem Ölbaum nach. Sie arbeiten hart, aber sie gönnen sich auch während des Tages Momente der Ruhe und des Genießens beim Essen und erreichen scheinbar mühelos gesund ein hohes Alter.

Gelassenheit – das Geheimnis für ein langes Leben

Lebensmittel

Der Wert unserer Lebensmittel ist in den letzten Jahrzehnten leider immer mehr in Vergessenheit geraten. Wir sind immer weniger bereit, etwas mehr Geld für gute Lebensmittel zu bezahlen. Mit der Folge, dass die Lebensmittelproduzenten dieser Marktentwicklung nachkommen. Die Lebensmittelskandale, mit denen wir alle in letzter Zeit konfrontiert wurden, haben zwar zu etwas mehr Verständnis für das Produkt Lebensmittel und dessen Preis beigetragen, aber dennoch hat unser Essen noch nicht den Stellenwert, den es haben sollte. Wir finden heute Lebensmittel in den Geschäften, die diesen Namen nicht mehr verdienen. Denn viel Leben ist in den Gerichten nicht mehr. Fertiggerichte mit zehn bis 15 Zusatzstoffen sind heute keine Seltenheit mehr. Diese Erzeugnisse haben mit dem Ursprungsprodukt oft nicht mehr viel gemeinsam. So genannte moderne Fette, die durch eine attraktive Werbung dem Verbraucher schmackhaft gemacht werden, enthalten vielfach eine Fülle von Aromastoffen, Farbstoffen, Emulgatoren (Bindemittel), Salz und Konservierungsstoffen, bei denen man sich die Frage stellen muss, ist das noch Fett oder nur Chemie.

Lebensmittel sind „Mittel zum Leben"

Liebe Leserinnen, liebe Leser, dieser Satz sagt alles aus über den Wert von Lebensmitteln. Sie gehören zu unseren Grundbedürfnissen und haben es deshalb verdient, dass wir ihnen etwas mehr Aufmerksamkeit und Wertschätzung schenken. In unserer Gesellschaft zählt das schicke Auto, der Fernseher oder der Urlaub mehr als gutes und frisch gekochtes Essen. Doch der Urlaub ist meistens in zwei Wochen vorbei, der neue Wagen wird schnell zur Gewohnheit und verliert seinen Reiz. Die Lebensmittel, die wir kaufen, essen wir aber täglich. Dabei sind unsere Lebensmittel, selbst nach den letzten Steigerungen der Lebensmittelpreise, auch im Vergleich mit anderen Ländern immer noch relativ günstig. In den 50er-Jahren mussten unsere Eltern im Schnitt noch bis zu 50 % ihres Einkommens für Lebensmittel ausgeben. Heute dagegen ist es nicht mal mehr ein Viertel unseres Einkommens. Oft führen wir unserem Körper min-

Achten Sie beim Einkauf auf gute Qualität der Lebensmittel!

Preiswert heißt auch, dass die Lebensmittel ihren Preis wert sind, den Sie dafür bezahlen!

derwertige Lebensmittel zu, verlangen dann aber von unserem Organismus Höchstleistung. Ist es nicht sinnvoller, wenn wir wieder dahin zurückkehren, etwas mehr für gute Nahrungsmittel zu bezahlen?

Damit meine ich nicht, dass wir überteuerte Lebensmittel kaufen, sondern gute Qualität mit einem fairen Preis honorieren. Denn diese gute Qualität kommt nicht irgendjemandem zugute, sondern Ihnen selbst. Und Ihre Gesundheit ist schließlich das Wertvollste, das Sie haben.

Dieses Buch, in Verbindung mit den Rezepten, soll Ihnen helfen, Sie in ein leider oft vernachlässigtes Gebiet einzuführen – die Zubereitung von Gemüse. Keine andere Gruppe von Lebensmitteln bietet eine solche Vielfalt und abwechslungsreiche Verwendungsmöglichkeit wie unser Gemüse in seiner ganzen Farbenpracht. Gerade in der mediterranen Küche finden Gemüse und Salate vielfältigste Verwendungsmöglichkeiten. Oft wird Gemüse als Hauptgericht gereicht, das Fleisch spielt dann oft nur die Rolle des Begleiters zu den Gerichten.

Gemüse

Der Reichtum der Felder und Gärten

In Deutschland und in vielen westlichen Ländern dagegen findet Gemüse weit weniger Beachtung als in der Mittelmeerküche. Meist wird es nur als Beilage zum Fleisch serviert. Darüber hinaus ist es oft wenig schmackhaft und einfallslos zubereitet. Auch die Optik ist häufig nicht gerade eine Augenweide. Meist beruht diese Gleichgültigkeit gegenüber dem Gemüse auf einem Mangel an Information über die zahlreichen verschiedenen Gemüsesorten und die vielfältigen Zubereitungsarten.

„In der mediterranen Küche werden Gemüse und Salate ebenso hoch geschätzt wie Fleisch und auch genauso sorgfältig zubereitet"

Dabei haben wir dieselbe Vielfalt und Auswahl an Gemüsesorten wie die Bewohner des Mittelmeerraumes. In meinen Kochkursen hierzulande, aber auch auf Kreta, zeigen meine Kollegen und ich den Teilnehmern, wie einfach unser heimisches Gemüse schnell und knackig zubereitet werden kann. Lassen Sie sich von den Rezepten in diesem Buch für Ihre neue mediterrane Gemüseküche inspirieren.

Frisches Gemüse enthält viele Vitalstoffe, Vitamine und sekundäre Pflanzenstoffe. Einige dieser Stoffe verflüchtigen sich jedoch schnell bei zu langer oder ungünstiger Lagerung.
Daher meine Empfehlung: Kaufen Sie frisches Gemüse vom Markt und falls einmal das Angebot der Marktfrau nicht Ihrem Einkaufszettel entspricht, können Sie zu Tiefkühlgemüse greifen. Produkte aus der Tiefkühltruhe sind oft besser als ihr Ruf – vor allem, wenn die Lebensmittel naturbelassen und nicht weiterverarbeitet sind. Kombinieren Sie einfach Tiefkühlgemüse und frisches Gemüse der Saison verfeinert mit Kräutern und Nüssen.

Essen Sie Leben, frisches oder tiefgekühltes Gemüse haben die meisten Vitalstoffe

So funktioniert mediterrane Küche auch in den Wintermonaten.

Die Hausapotheke

auf dem Teller

Hunderte von biologisch aktiven Stoffen stecken in den verschiedenen Gemüsearten. Viele davon sind in ihrer Wirkung auf den Körper noch völlig unbekannt. Die Erforschung dieses Bereiches steckt zwar noch in den Kinderschuhen, insbesondere was die Wirksamkeit der enthaltenen Mengen angeht, aber einige Gemüse sind schon recht gut untersucht. Dazu gehört vor allem die Familie der Liliaceae mit ihren Mitgliedern Knoblauch, Zwiebel und

Lauch. Sie alle enthalten die so genannten Phytonzide, natürliche Antibiotika, die gegen krankmachende Mikroorganismen wirken, ohne dabei den Menschen auch nur im Geringsten mit Nebenwirkungen zu belasten. Von den drei genannten Gemüsen hat Lauch die geringste Wirkung und Knoblauch bei weitem die stärkste.

Essen ohne Reue

Gemüse und Obst sind Genuss ohne Reue. An Gemüse können Sie sich satt essen, ohne befürchten zu müssen, übergewichtig zu werden. Gemüse ermöglicht auch durch seine Vielfalt einen sehr abwechslungsreichen Speiseplan. Kombiniert mit etwas Fleisch und Fisch können Sie die schönsten Gerichte auf den Tisch bringen.

Gemüse, Gemüse, Gemüse

Wissenswertes über das wichtigste Lebensmittel der mediterranen Küche

- Kaufen Sie immer nur den Bedarf für zwei Tage ein.
- Berücksichtigen Sie das saisonale Angebot, viele Gemüse sind dann aromatischer und haben einen günstigeren Preis.
- Oft werden in der Saison überreife Tomaten angeboten, greifen Sie zu, sie eignen sich besonders gut für Soßen und Suppen.
- Beim Putzen und Schälen nur das Nötigste entfernen.
- Kurz, aber gründlich vor dem Schneiden waschen.
- Obst gut waschen und gut abreiben, möglichst mit Schale verwenden, in der Schale sitzen die meisten Vitamine und sekundären Pflanzenstoffe.
- Gemüse nicht stärker zerkleinern als notwendig, sofort nach dem Schneiden zubereiten.
- Nährstoffschonend garen
  (leicht braten oder dünsten erhält die Nährwerte von Gemüse am besten).
- Bereiten Sie Gemüse mit Oliven- oder Rapsöl zu.
- Wenn möglich, mischen Sie mehrere Gemüsesorten, bringen Sie Farbe auf den Tisch, die mediterrane Küche ist farbenfroh und abwechslungsreich.
- Verfeinern Sie Gemüse mit frischen Kräutern, Pesto oder Nüssen.
- Temperatur und Garzeit dem Gemüse anpassen, übergartes Gemüse schmeckt nicht.
- Langes Warmhalten von Gemüse vermeiden (Vitaminverlust), lieber schnell abkühlen lassen, dann wieder erwärmen.

Frische Gemüse vom Markt in dem Ort Vagionia (Kreta).

Deutschland im Gemüseverzehr nur schlechtes Mittelmaß

Beim Gemüseverzehr sind die Griechen nach dem untenstehenden Diagramm Weltmeister, wir Deutschen dagegen spielen nur in der Regionalliga.

Wenn man den Gemüseverzehr der Deutschen auf einen Tag umrechnet, so kommt man auf 257 Gramm. Das sind in Lebensmitteln: 1 mittlere Tomate, 1 Stück Salatgurke (5 cm) und 1 mittlere Kartoffel.
Die Griechen dagegen essen im Schnitt 816 Gramm am Tag, in Lebensmitteln sind das: 3 mittlere Tomaten, 1/3 Salatgurke, 1/2 Zucchini, 2 Kartoffeln, 5 St. Lauchzwiebeln und 1 Paprika.

Pro-Kopf-Verzehr
von Gemüse
in Kilogramm im Jahr

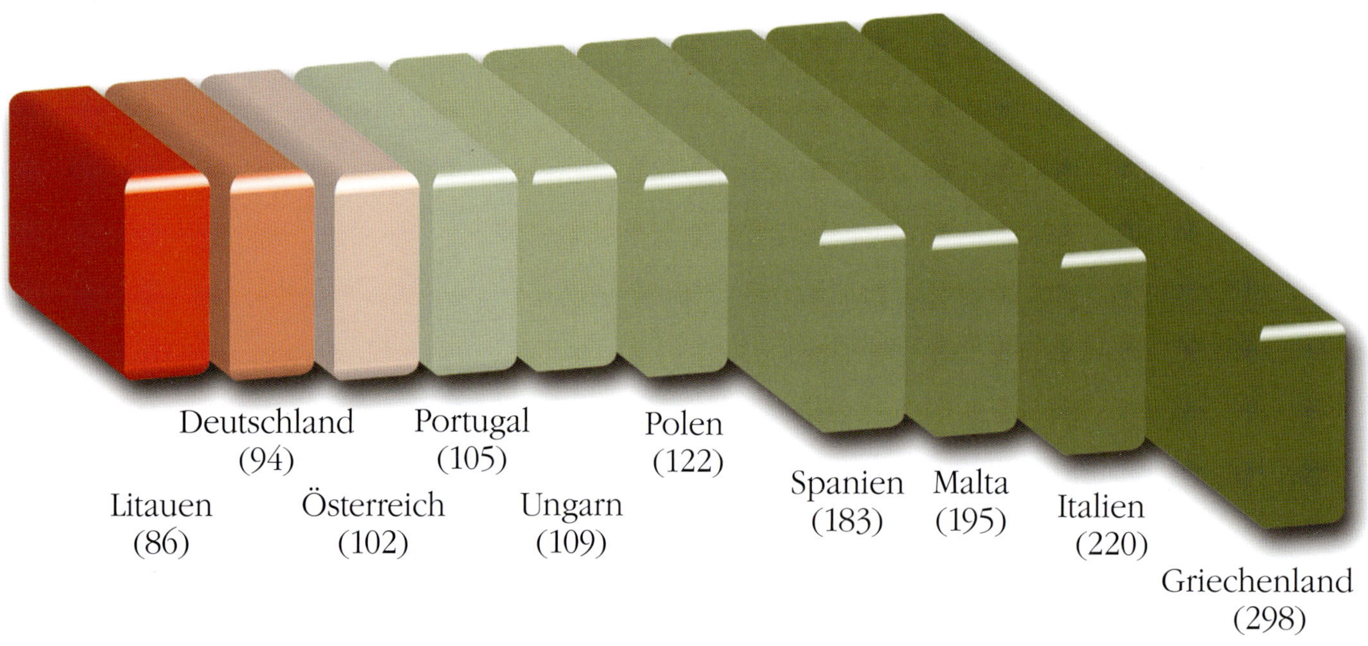

Quelle: Eurostat

Wissenswertes

über die gesundheitliche Wirkung von Kräutern und Gewürzen

Basilikum:

Ist gut bei Völlegefühl und Blähungen, treibt Harn und vertreibt Migräne. Wirkt entspannend und verdauungsfördernd.

Brunnenkresse:

Ist immunologisch wirksam gegen Erkältungskrankheiten, kann für Salate und als Einlage für Suppen und Eintöpfe verwendet werden.

Dill:

Hilft bei Schlafstörungen, Magenschleimhautentzündungen und Krämpfen, wirkt kräftigend und harntreibend. Übrigens sorgt das Kauen von Dillsamen für einen frischen Atem.

Estragon:

Regt die Verdauung an, wirkt gegen Fäulniserreger und Vergiftungen, senkt Fieber und hilft bei Asthma und Neurodermitis, in Speisen wirkt er verdauungsstimulierend.

Fenchel:

Wirkt gegen Blähungen und schleimlösend bei Husten, sorgt für guten Schlaf und hilft bei Neurodermitis.

Kapern:

Wirken belebend, verdauungsfördernd und gegen Fäulniserreger.

Knoblauch:

ist reich an Vitamin A, B und C sowie an antibakteriell wirkenden Stoffen und wird heute wegen seiner positiven Wirkung auf Blutfettwerte und Blutgefäße gepriesen. Außerdem fördert er die Verdauung.

Koriander:
Unterstützt die Verdauung und hat eine lindernde Wirkung bei Migräne.

Kümmel:
Stärkt den Magen und reinigt das Blut, wirkt als Zugabe bei Speisen verdauungsfördernd, wirkt bei Völlegefühl und Blähungen.

Kurkuma:
Wirkt mit seinen ätherischen Ölen und dem gelben Farbstoff Curcumin auf Gallenblase und Leber und unterstützt damit die Verdauung.

Lorbeer:
Stimuliert die Immunkräfte und wirkt gegen Lymphknotenschwellungen.

Meerrettich:
Unser Penicillin vom Acker enthält Senföle, Vitamin C und Kalzium, regt damit die Schleimhäute an und wirkt durch seine Schärfe antibakteriell und verdauungsfördernd.

Nelken:
Enthalten ätherische Öle, Gerbstoffe und Flavonoide und sind daher antiseptisch und schmerzstillend. Sie wirken beruhigend auf den Magen-Darm-Trakt und helfen bei Blähungen.

Oregano:
Enthält ätherische Öle, die antiseptisch und antibakteriell wirken. In der Antike war Oregano als Hustenmittel zusammen mit Honig und als Mittel gegen Mandelentzündung bekannt.
Der Vater der Medizin, Hippokrates, empfahl Oregano bei Augenleiden, Zahnschmerzen, Atemschwierigkeiten, Erkältungen und gynäkologischen Beschwerden.

Paprika:
Gewürzpaprika enthält unter anderem Capsaicin, Carotinoide und ätherische Öle.
Er wirkt daher durchblutungsfördernd und herzstärkend.

Petersilie:
Reinigt das Blut, fördert die Durchblutung und entschlackt die Harn- und Verdauungswege in Speisen eine Vitamin- und Mineralstoffbombe und verbessert den Gesundheitswert aller Gerichte.

Der Autor beim Kräutersammeln auf Kreta und die reiche Ausbeute aromatischer Kräutern.

Pfeffer:

Hilft bei schlechter Verdauung, Schmerzen und unreiner Haut, wirkt in Speisen durchblutungs- und verdauungsfördernd und tötet Bakterien im Essen ab.

Pfefferminze:

Stimuliert die Magensekretion und hilft bei Verdauungsstörungen, Erbrechen, Magen-Darm-Krämpfen und Gallenleiden.

Rosmarin:

Regt die Durchblutung an, wirkt bei niedrigem Blutdruck und Kopfschmerzen, stabilisiert die Leberfunktion sowie die Atemorgane und ist gut bei Erschöpfungszuständen.

Rucola:

Rucola wirkt verdauungsfördernd, harntreibend und regt die Darmtätigkeit an. Die Römer nutzten die Pflanze als schmerzlinderndes Mittel: Jene, über die die Peitschenstrafe verhängt worden war, tranken eine Tasse Wein mit Rucola.

Safran:

Safran enthält neben ätherischen Ölen und einem stark färbenden Farbstoff viel Vitamin B_2 und Riboflavin. Wirkt appetitanregend und wird in Indien als Mittel gegen Harn- und Verdauungsprobleme empfohlen.

Schnittlauch:

Besitzt besonders viel Vitamin C und regt mit seiner leichten Schärfe Appetit und Verdauung an

Salbei:

Wirkt gegen Schwitzen, Infektionskrankheiten, Kopfschmerzen und hilft bei offener Mundschleimhaut. Außerdem regt er den gesamten Stoffwechsel und die Fettverdauung an.

Sellerie:

Hilft bei Hautunreinheiten, Asthma und Erschöpfung.

Senf:

Die scharfen Senföle aktivieren Darm und Galle. Als Pflaster werden sie oft bei Rheuma und Ischias empfohlen.

Sesam:

Entgiftet bei chronischer Intoxikation und Allergien.

Thymian:

Desinfiziert und löst Krämpfe, regt die Drüsenreaktion an und ganz speziell die Immunreaktion. Wirkt desinfizierend und schleimlösend und hilft daher bei allen Entzündungen der Atemwege.

Kräutertöpfe einer Taverne in der Nähe des Ortes Rethymno (Kreta).

Bevorratung und Verarbeitung von Kräutern

- Im Sommer am besten frische Kräuter aus dem Garten verwenden.
- Bei großem Angebot von frischen Kräutern im Sommer grob schneiden und einfrieren .
- Im Winter können Sie auf Kräutertöpfe zurückgreifen. Am Küchenfenster stehend haben Sie ständig Vorrat.
- Eine gute Alternative sind in Öl eingelegte Kräuter.
- Beim Würzen lieber frische Kräuter statt zuviel Salz verwenden.
- Frische Kräuter immer am Schluss zu den Gerichten geben.
- Mischen Sie frische Blattpetersilie unter gebratenes Pfannengemüse.
- Versuchen Sie einmal einen Kräutersalat aus Blattpetersilie, Rucola, Basilikum und Kresse, für das Dressing einfach Olivenöl mit etwas Zitronensaft verrühren.
- Frische Kräuter nur grob schneiden, nicht hacken.
- Mixen Sie Ihr Pesto aus Petersilie, Basilikum, Sonnenblumenkernen und Olivenöl.
- Bei Braten oder ähnlichen Gerichten nach der Hälfte der Garzeit die Kräuter dazugeben.
- Getrocknete Kräuter von Anfang an mitgaren.
- Olivenöl und Rapsöl können mit frischen Kräutern geschmacklich verändert werden.

Blühender Rosmarin im Januar im Ort Kapetaniana (Kreta).

Die Fette
in der „Mediterranen Küche"

Fett, das im Übermaß mit der Ernährung aufgenommen wird, führt zu Übergewicht und kann in der Folge auch schwere Herz-Kreislauf-Erkrankungen bedingen. Heute weiß man, dass es nicht nur wichtig ist, die Fettaufnahme zu reduzieren, sondern insbesondere die Zusammensetzung der einzelnen Fette genau zu beachten.

Wir essen zuviel Fett, wir essen aber auch das falsche Fett

Im Durchschnitt verzehren die Bürger in den deutschsprachigen Ländern Fettmengen von meist über 140 g täglich. Empfehlenswert wäre eine Menge von 70 g am Tag, also die Hälfte der tatsächlich verzehrten Menge. Dabei sollten Fette pflanzlicher Herkunft, z. B. Oliven- und Rapsöl, bevorzugt werden. Tierische Fette, z. B. Butter, Schmalz, Sahne, Wurst und fetter Käse, sollten dagegen eher sparsam gegessen werden.

Warum Olivenöl und Rapsöl?

Es gibt „gute" (HDL) und „schlechte" (LDL) Fette. LDL-Partikel lagern überschüssiges Cholesterin in der Gefäßwand ein – dies ist ein wesentlicher Mechanismus beim Entstehen der Arteriosklerose. Einfach ungesättigte Fettsäuren, wie sie im Olivenöl und im Rapsöl vorkommen, können den LDL-Anteil des Cholesterins im Blut senken, während sie den HDL-Anteil stabilisieren. Daher wirken Olivenöl und Rapsöl der Entwicklung der Arteriosklerose und im Weiteren dem Herzinfarkt entgegen. Die Senkung der Blutfettwerte durch Ernährung ist jedoch nur zu 10–15 % möglich, da lediglich 25–35 % des Cholesterins im Blut aus der Nahrung stammen, den Rest produziert unser Körper selbst. Vor diesem Hintergrund ist es umso wichtiger, dass wir alle anderen Chancen wie körperliche Bewegung, Abbau des Übergewichts, Vermeidung von Stress und der Verzicht des Rauchens nutzen, um Herz-Kreislauf-Erkrankungen zu vermeiden.

Tipp zum Merken:

LDL - *Lass das lieber*
HDL - *Hol's dir lieber*, oder noch schöner - *Hab dich lieb*

Übrigens: Je niedriger der LDL-Wert und je höher der HDL-Wert, desto besser für Ihre Gefäße!

Erhöhte Blutfettwerte tun zunächst nicht weh. Das ist wahrscheinlich auch der Grund, warum ein Großteil der Bevölkerung keine große Bedeutung auf die Feststellung dieser Werte legt. Doch genau darin liegt die Gefahr für unser Herz-Kreislauf- System.

Also: Lassen Sie einfach messen – es tut nicht weh und Sie haben viele Chancen für die Zukunft Ihre Werte zu verbessern!

Cholesterin-Richtwerte

(in mg/dl)	
Gesamtcholesterin	unter 200
LDL-Cholesterin	unter 130
HDL-Cholesterin	über 40
Triglyceride	unter 130
Für Gefäßpatienten gilt:	
LDL-Cholesterin	unter 100

Kennen Sie Ihre Blutfettwerte?

Gibt es den normalen Cholesterinwert? Diese Frage ist nicht so einfach zu beantworten. Entscheidend ist, ob Sie noch weitere Risikofaktoren haben, wie genetische Belastung, Übergewicht oder ob Sie Raucher sind. Das heißt: Normal gibt es nicht, wir müssen immer den ganzen Menschen mit all seinen Faktoren beachten. Trotzdem gibt es Sollwerte, die eine gewisse Richtung vorgeben, in denen sich unsere Blutfettwerte bewegen sollten.

Wirkung verschiedener Fettsäuren

auf die Serumlipide

Sehen Sie diese Werte nicht als unüberwindbare Hürde, mit mediterraner Küche und Ausdauersport können Sie schon viel erreichen. Falls Ihre Blutwerte nicht im Normbereich liegen, sprechen Sie mit Ihrem Arzt über die Therapiemöglichkeiten.

Untenstehende Grafik erklärt die Wirkung verschiedener Fettsäuren auf den Blutfettspiegel. Bei der Aufnahme von überwiegend gesättigten Fettsäuren erhöhen sich der LDL-Cholesterinwert und der Wert der Triglyceride. Bei einer Aufnahme von überwiegend einfach ungesättigten Fettsäuren sinkt das LDL-Cholesterin sowie der Wert der Triglyceride. Bei der Aufnahme von überwiegend mehrfach ungesättigten Fettsäuren sinkt zwar das LDL-Cholesterin, aber leider auch das HDL-Cholesterin. Die Aufnahme von mehrfach ungesättigten Fettsäuren in Form von Seefisch senkt den Wert der Triglyceride, das Cholesterin bleibt davon unbeeinflusst.

„Du selber bist der Magnet für Dein Wohl und Wehe!"

Yo Yin Ra

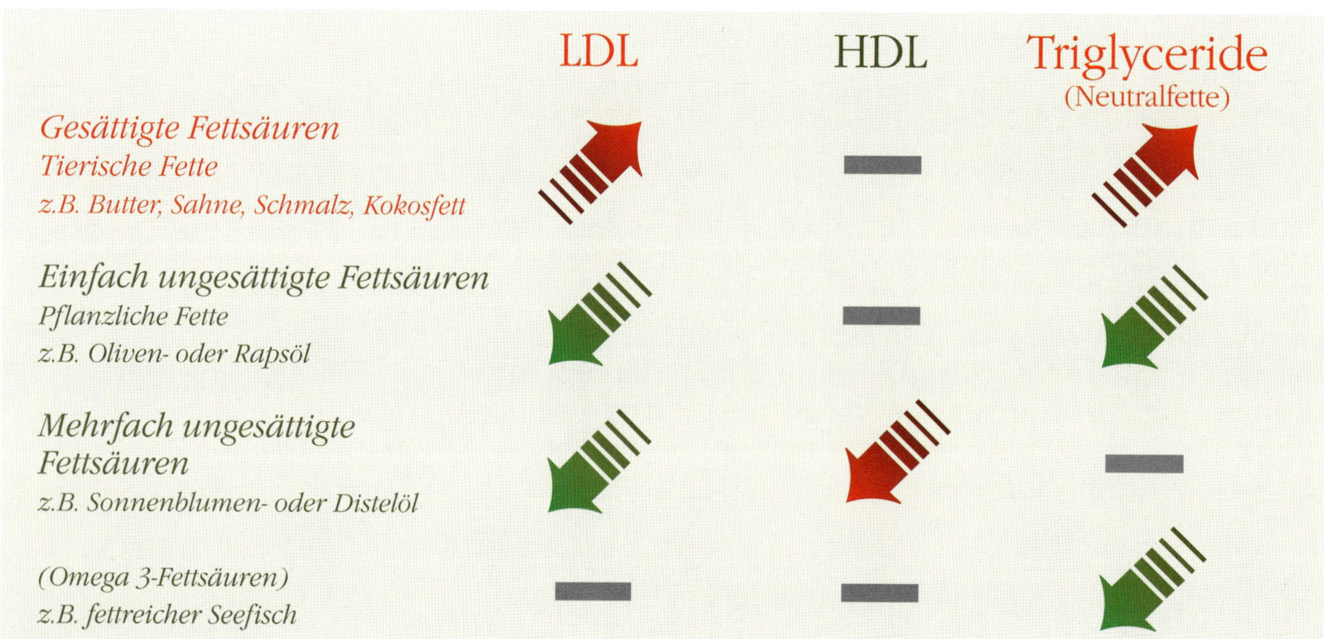

Ratgeber

Unser heimisches Rapsöl

Ähnlich günstige Eigenschaften wie das Olivenöl hat auch das Rapsöl, welches zur Herstellung vieler Margarinen verwendet wird. Inzwischen ist Rapsöl zu Deutschlands bedeutendstem Pflanzenöl geworden.

Die Rapssaat wird in elf großen und rund 40 kleinen Ölmühlen verarbeitet, die oft direkt an den landwirtschaftlichen Betrieb angeschlossen sind.

Qualitätsbezeichnungen von Rapsöl

Je nach Verarbeitungsform unterscheidet man drei verschiedene Qualitäten:

Raffiniertes Rapsöl
Raffiniertes Rapsöl lässt sich bis auf 180 °C erhitzen, ist geschmacksneutral und bringt den Eigengeschmack der Speisen voll zur Geltung.
(Mit diesem Öl können Sie heiß anbraten oder frittieren.)

Dampfveredeltes Rapsöl aus erster Pressung
Dieses Öl ist eine Spezialität, die sich durch ein feines nussiges Aroma auszeichnet. Das bernsteinfarbige Öl eignet sich besonders für die kalte Küche, es kann bis auf 140 °C erhitzt werden.
(Mit diesem Öl können Sie Gemüse und Fleisch leicht anbraten.)

Kaltgepresstes Rapsöl
Kaltgepresstes Rapsöl ist die edelste Sorte und zeichnet sich durch ein nussiges Aroma mit einer goldgelben Farbe aus.
(Dieses Öl sollte nur in der kalten Küche Verwendung finden.)

Blühende Olivenbäume in der Ebenevon Messara (Kreta).

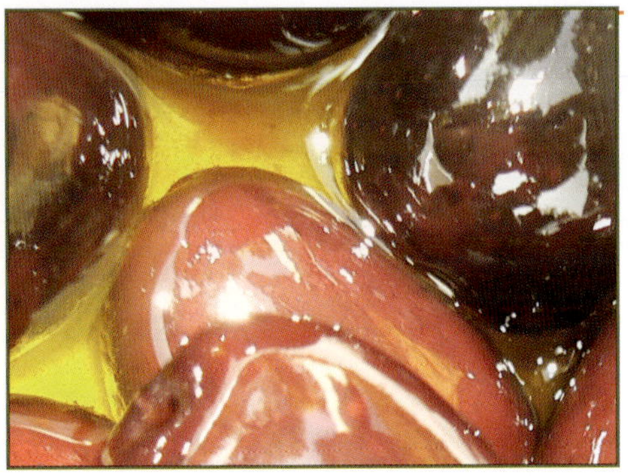

Olivenöl
Der Saft des Lebens

Liebe Leserinnen und Leser,
es ist ein bewegender Anblick, wenn man in den Olivenhainen Kretas plötzlich einem uralten Olivenbaum gegenübersteht. Diesen Baum konnte über Jahrhunderte nichts erschüttern. Frost, der Erzfeind des Ölbaums, kommt auf Kreta nur selten vor, daher wächst dort eine der ältesten Kulturpflanzen der Welt in aller Ruhe zum lebenden Monument heran – und trägt selbst nach einem halben Jahrtausend oder mehr immer noch Früchte.

Der Olivenbaum – ein Geschenk der Göttin Athene

Dem Mythos nach hat Athene, die Göttin der Weisheit, den ersten Olivenbaum in Athen gepflanzt. Athene und Poseidon wollten beide Herrscher über Athen sein, der schönsten und blühendsten Stadt des alten Griechenlands. So wurde beschlossen, dass beide Götter der Stadt ein teures Geschenk bringen sollten. Poseidon, der Gott aller Meere erschien in voller Pracht und hielt seinen gefürchteten Dreizack in der Hand. Er erhob seinen Arm und schleuderte den Dreizack gegen den heiligen Felsen der Akropolis und es sprudelte Meerwasser aus dem Felsen – denn es gab zuvor kein Wasser auf der Akropolis.
Athene brauchte kein so extravagantes Wunder zu vollbringen. Sie stieß ihre Lanze in den Boden, worauf ein Olivenbaum aus dem Boden schoss und zu blühen begann. Die Menschen damals kannten weder gekochtes Essen noch Öl für Lampen. Die Entscheidung war schnell getroffen – Athenes Geschenk war unerlässlich für die Menschheit.

„Der Ölbaum ist der Baum aller Bäume, ich liebe ihn. Er hat Segen und die Stille. Als er sich ausbildete, hat er offensichtlich überhaupt nicht an sich, sondern nur an den Menschen gedacht. Reine Sorge: Öl gegen den Hunger, Öl für den Körper, die Haut und die Haare, Öl für die Lampe als Licht, Öl als Träger von Duft, der Ölzweig als Friedenszeichen und Siegerpreis.“ Erhart Kästner, 1953

Ein alter Olivenbaum auf zwei Beinen in der Nähe der Schlucht von Kritsa (Kreta).

Olivenernte auf Kreta

Elektrischer Kamm zum Ernten der Oliven.

Die Ernte der Oliven auf Kreta findet in den Wintermonaten statt. Man erntet die reifen Oliven für das Öl von Dezember bis Januar. Ich selbst hatte im Januar 2006 auf Kreta die Gelegenheit, bei der Olivenernte mitzuhelfen und habe dabei am eigenen Leib erfahren, welch' harte Arbeit solch eine Ernte ist. Es ist alleine schon eine schweißtreibende Tätigkeit die Netze, in denen die Oliven aufgefangen werden, von einem Baum zum nächsten Baum zu ziehen. Die Oliven selbst werden heute mit elektrischen Kämmen von den Bäumen geerntet. Es ist schon ein besonderes Erlebnis, die Oliven mit den Händen in Eimer zu füllen und den Duft des Öls in der Olive zu riechen.

Abkämmen der Oliven und Auffangen in Netzen.

Ein hochwertiges Öl kann ausschließlich von gesunden, unbeschädigten und sauberen Oliven gewonnen werden. Sobald die Oliven geerntet sind, muss sehr vorsichtig mit ihnen umgegangen werden, um ein Gären oder Verfaulen zu verhindern. Der Transport zur Ölmühle sollte sehr schnell erfolgen. Denn um ein hochwertiges Öl gewinnen zu können, sollte der Pressvorgang unverzüglich oder zumindest innerhalb der nächsten 24 Stunden erfolgen.

Kämmen mit Brille zum Schutz vor der Ölsäure.

Nach der Anlieferung in der Ölmühle werden die Früchte als erstes sorgfältig gewaschen und die Blätter entfernt. Nacheinander folgen dann die Arbeitsschritte des Mahlens, Pressens und des Separierens mit Hilfe verschiedener Techniken. Um ein gutes Olivenöl zu erhalten, muss man während aller Produktionsphasen sehr darauf achten, dass sowohl der Olivenbrei als auch das Öl selbst so wenig wie möglich mit Luft in Berührung kommen, um eine Oxidation des Produkts zu verhindern.

Das so gewonnene „native Olivenöl extra“ wird anschließend geklärt und dann gefiltert oder ungefiltert in Flaschen oder andere Behälter gefüllt.

Kurze Geschichte des Ölbaums

Der Ölbaum spielt eine wichtige Rolle in Kultur und Religion

Der Anbau von Olivenbäumen und die Herstellung von Olivenöl haben die Geschichte der Menschheit immer begleitet. Wahrscheinlich stammt der Ölbaum aus dem Kaukasus.
Ab 2000 vor Christus ist die Kultivierung des Ölbaums in allen Mittelmeerländern nachweisbar. Archäologische Funde zeugen von der Herstellung, Verwendung und Vermarktung von Olivenöl bei den Ägyptern, den Babyloniern, den Minoern, den Griechen und im römischen Kaiserreich. Bis zum Aufkommen des Christentums spielten der heilige Ölbaum und seine Früchte auch eine wichtige Rolle in Kultur und Religion. Der von den Griechen in Italien eingeführte Ölbaum war die Grundlage der römischen Landwirtschaft und trug zum Reichtum der Seefahrernationen des Mittelmeers bei. Viele Geschichten ranken sich um diesen lebensspendenden Baum, aus dessen Früchten natives Olivenöl extra gewonnen wird, das sich heute wie damals höchster Wertschätzung erfreut.

Der Rohstoff des Olivenöls

Die hochwertige Qualität von nativem Olivenöl extra hängt zu gut 50% von der Sorte und dem Reifegrad der verwendeten Oliven ab.
Die Olive ist eine so genannte Steinfrucht, hat eine ovale, länglich-runde Form und besteht aus drei Teilen: der Schale, dem Fruchtfleisch und dem Kern, der den Samen enthält.

60 – 80 kg Oliven ergeben ca. 9 – 12 Liter Olivenöl

Für die Ölherstellung wird die ganze Frucht verwendet, wobei 96-98% des Öls im Fruchtfleisch und die restlichen 2-4% im Samen enthalten sind. Die Olive besteht zu etwa 15-25% aus reinem Öl. Der Wassergehalt liegt zwischen 30 und 60%, der Zuckergehalt bei etwa 19%.
Der Rest besteht zu 5,8% aus Fasern, zu 1,6% aus Eiweiß und zu 1,5% aus Asche. Von einem durchschnittlichen Olivenbaum werden ca. 60-80 kg Oliven geerntet, diese wiederum ergeben ca. 9-12 Liter Olivenöl. Da der Olivenbaum aber nur alle zwei Jahre den vollen Ertrag bringt, ist das sicherlich ein eher bescheidener Ertrag, wenn man die aufwändige Pflege der Bäume berücksichtigt.

Von der Blüte zur Olive

Beginnende Blüte der Olive zwischen April und Mai – je nach Gegend.

Anfang Mai bis Ende Juni – Olivenzweige in voller Blüte.

Erste kleine Oliven werden gegen Ende der Blütezeit Anfang Juli sichtbar.

Ende August sehen sie schon wie Oliven aus.

Ӧloliven in der Ebene von Messara (Kreta) kurz vor ihrer Ernte von Ende Dezember bis Anfang Januar.

Essoliven zum Einlegen in Salzlake und Zitrone.

Oliven mit Blättern nach dem Kämmen.

Die richtige Mischung für gutes Öl – von grün in violett gefärbte Oliven.

Oliven vor dem Abtransport zur Ölmühle.

Kartoffelanbau unter Olivenbäumen hinter der Kirche „Panagia i Kera“ (Kreta).

Tausende Olivenbäume in den Hügeln bei Rethymno.

Der Oliventrester am Wegesrand dient als Brennmaterial im Winter.

Wie finde ich das richtige Öl?
Qualitätsbezeichnungen von Olivenöl

Um dem Verbraucher eine Hilfe zu geben, hat die Europäische Kommission Richtlinien für die Qualität von Olivenöl erlassen:

„Und mit einem Früchte tragenden Olivenzweig reinigt sich der Mensch zur vollkommenen Gesundheit" Vergil, Aeneis

Natives Olivenöl extra (EXTRA VIRGIN OLIVE OIL)
Gepresstes Olivenöl mit einwandfreiem Geschmack und einem Anteil von höchstens 0,8 g freier Fettsäure** pro 100 g Öl (erhitzbar bis 180 °C)

Natives Olivenöl (VIRGIN OLIVE OIL)
Gepresstes Olivenöl mit einwandfreiem Geschmack und einem Anteil von höchstens 2 g freier Fettsäure** pro 100 g Öl (erhitzbar bis 180 °C)

Olivenöl (OLIVE OIL)
Mischung aus raffiniertem und unbehandeltem (nativem) Olivenöl mit einem Anteil von bis zu 1 g freier Fettsäure** pro 100 g Öl (erhitzbar bis 210 °C)

** *Freie Fettsäuren gehören zu den unerwünschten Begleitstoffen im Olivenöl und verursachen einen sauren, bitteren Geschmack.*

Diese Qualitätskriterien sagen jedoch nichts über den Geschmack von Olivenöl aus. Der Geschmack eines Olivenöls hängt zunächst von der Sorte des Olivenbaums ab. So wie die Rebsorte den Wein prägt, so prägt auch die Sorte des Olivenbaums das Öl. Weitere Faktoren für den Geschmack sind der Reifegrad der Oliven bei der Ernte und der Zustand der Oliven im Augenblick des Pressens. Eine frühe Ernte Mitte Oktober ergibt ein fruchtiges, nach frischem Gras riechendes Olivenöl. Die ab Ende Oktober bis Ende Dezember geernteten Oliven liefern ein harmonisches, ausgewogenes Öl, während die ab Mitte Dezember gepflückten Oliven ein mildes, süßes, nach Mandeln schmeckendes Öl ergeben.

Zum Einkauf von Oliven- und Rapsöl

Im oberen Absatz habe ich Ihnen geschildert, dass es speziell beim Olivenöl große Geschmacksunterschiede gibt. Ich rate Ihnen daher, wenn Sie Olivenöl oder auch Rapsöl einkaufen, es vorher zu verkosten. Es gibt immer mehr Geschäfte, die die Möglichkeit einer Verkostung anbieten.

Vom Umgang mit den Ölen

Natürlich sind Olivenöl und Rapsöl aufgrund ihrer positiven Eigenschaften die Öle, die wir in der Küche verwenden sollten. Sie sollten diese Öle – trotz ihrer guten Eigenschaften – sparsam verwenden, denn Olivenöl und Rapsöl haben wie jedes andere Öl auch 9 kcal pro Gramm Öl.

Oliven- und Rapsöl
in der Küche

- Immer nur die Menge einkaufen, die Sie in drei Monaten verbrauchen können.
- Ich empfehle, die beste Qualität, nämlich natives Olivenöl extra oder kalt gepresstes Rapsöl zu kaufen.
- Die Öle in dunklen Flaschen luftdicht und kühl lagern.
- Mildes Olivenöl oder raffiniertes Rapsöl zum Braten. Harmonisches, fruchtiges Olivenöl oder kalt gepresstes Rapsöl für Salate, kalte Speisen und Gemüse.
- Verrühren Sie Olivenöl und Zitronensaft zu einer kalten Soße für Fisch und Fleisch.
- Beim Braten oder Dünsten immer zuerst das Kochgeschirr erhitzen, dann das jeweilige Öl zugeben und sofort das Gargut dazugeben.
- Das Öl darf den Rauchpunkt nicht erreichen.
- Kaufen Sie Öle mit verschiedenen Geschmacksrichtungen, so haben Sie für jede Zubereitungsart das richtige Öl.
- Sie können Öle mit verschiedenen Kräutern nach Ihrem Geschmack aufwerten.

Zum Schluss noch ein guter Rat:

Sparen Sie beim Olivenöl und Rapsöl nicht an der Qualität, sie sind zwar etwas teurer als normale oder raffinierte Pflanzenöle, aber Ihre Gesundheit wird es Ihnen danken.

Mühlsteine aus früherer Zeit zum Mahlen der Oliven.

Ölpresse im Museum des Klosters Odigitrias (Kreta).

Alter Fettabscheider zum Trennen des frisch gepressten Öles vom Fruchtwasser.

Solche Amphoren benutzte man früher zur Aufbewahrung des Olivenöles.

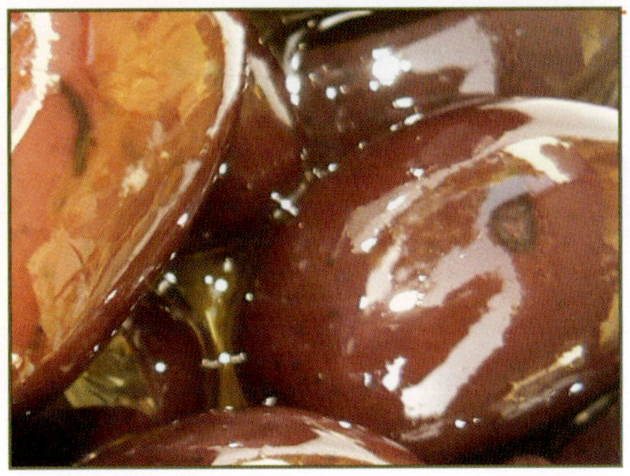

Was Sie schon immer über Olivenöl wissen wollten

Gibt es grüne und schwarze Oliven?
Jede Olive ist zunächst grün und entwickelt sich im Laufe des Reifeprozesses von grün über violett zu violett/schwarz. Der optimale Reifepunkt einer Ölolive ist erreicht, wenn ihr Grün ins Violett übergeht.

Weshalb gibt es unterschiedliche Farbvarianten bei Olivenöl und welche Bedeutung haben diese?
Die Farbe des Olivenöls hängt im Wesentlichen vom Reifestadium der verarbeiteten Oliven ab. Jedoch lässt sich von der Farbe nicht zwingend auf den Geschmack oder die Qualität eines Olivenöls schließen.

Wie lange ist Olivenöl haltbar?
Aufgrund seiner Fettzusammensetzung ist Olivenöl bei richtiger Lagerung (dunkel, kühl und luftdicht verschlossen) mindestens 18 Monate haltbar.

Was sagt der Säuregrad eines Öls aus?
Ein wichtiger Parameter zur Feststellung der Qualität ist der Anteil freier Fettsäuren (gemessen als Ölsäure je 100 g). Grundsätzlich kann man sagen: je niedriger der Säuregrad, desto besser das Öl.

Wie teste ich Olivenöl?
Ich empfehle, Olivenöl wie einen guten Tropfen Rotwein zu verkosten: Schenken Sie etwas Olivenöl in ein kleines Glas, erwärmen Sie das Öl in Ihrer geschlossenen Hand. Führen Sie das Glas an die Nase und atmen alle Geruchsstoffe des Öls ein. Anschließend nehmen Sie einen Schluck Öl und verteilen es auf der Zunge. Nun sollten Sie gleichzeitig durch den Mund einatmen (wie bei einer Weinverkostung), Ihre Geschmacksnerven können nun den vollen Geschmack des Olivenöls erfassen.

Ich vertrage kein Olivenöl!
Ihr Körper braucht Zeit, sich an ein Öl zu gewöhnen, das er nicht kennt. Fangen Sie mit kleinen Mengen an, nach einiger Zeit kann er damit umgehen.

Verkosten Sie Olivenöl vor dem Kauf

Ich mag kein Olivenöl!
Olivenöl hat eine Geschmacksvielfalt wie kein anderes Öl. Es kann sein, dass Sie ein Öl verwendet haben, das Ihrem Geschmack nicht entspricht. Entdecken Sie bei einer Olivenölverkostung welches Olivenöl Ihrem Geschmack entspricht. Sie werden immer mehr Geschäfte finden, in denen man Olivenöl offen kaufen kann.

Olivenöl soll man doch nicht erhitzen!
Die Bewohner der Mittelmeerländer würden uns für so eine Bemerkung auslachen. Natives Olivenöl extra und natives Olivenöl kann bis zu 180 °C erhitzt werden, das reicht für die meisten Zubereitungsarten in der Küche. Die Mittelmeerländer hätten sonst seit Jahrtausenden alles falsch gemacht. Ihnen dient Olivenöl als Hauptfettquelle und wird in allen Bereichen der Küche eingesetzt.

Welche Arten von Olivenöl gibt es?
Eine Frage, die so nicht zu beantworten ist. Es gibt eine Vielzahl von Olivensorten und Anbaugebieten. Entscheidend für den Geschmack sind der Erntezeitpunkt und die Verarbeitung des Öls.

Zum Beschreiben der Eigenschaften verwendet man folgende Begriffe: mild, weich, fruchtig (grüne oder reife Frucht), bitter, pikant bis beißend, frisch, herb, ölig, cremig, rustikal, sauber und rein.

Geschmacksaromen: fruchtig (Mandel, Apfel, Pfirsich, Birne, Zitrusfrüchte und andere reife bis unreife Früchte), pflanzliche Aromen wie frisches Heu, grüne Gräser, Artischocken, grüne Tomaten, Fenchel und Kiefern.

Farbe: von blassgelb bis zu intensiv Grün, das ganze Spektrum von Goldtönen, mehr oder weniger dicht mit grünlichen Reflexen.

Was bedeutet kaltgepresst und 1. Pressung?
Es gibt heute nur noch eine einzige Pressung für natives Olivenöl extra und die ist kalt. Die dabei entstehende Temperatur entspricht etwa der menschlichen Körpertemperatur. Dementsprechend sind Begriffe wie „kaltgepresst“ oder „1. Pressung“ nicht mehr erforderlich, aber sie klingen einfach schön.

Welche Vorteile hat Olivenöl?
Ein gesundheitlicher Vorteil ist, es senkt das schlechte LDL-Cholesterin und die Neutralfette, das gute HDL-Cholesterin bleibt stabil. Ein weiterer Vorteil, wir können Speisen mit dem Öl geschmacklich abrunden und aufwerten.

Welchen Vorteil hat Olivenöl gegenüber Distelöl und Sonnenblumenöl?
Olivenöl senkt nur das schlechte LDL-Cholesterin, Distelöl und Sonnenblumenöl auch das gute HDL-Cholesterin. Darüber hinaus ist Olivenöl weniger oxidationsfreudig Sonnenblumen- und Distelöl.

Erhöhe ich mit zuviel Olivenöl nicht die Fettzufuhr?
Natürlich, Olivenöl hat genauso wie andere Öle 9 kcal pro Gramm Öl. Deshalb sollten Sie es sparsam verwenden.

Welches Olivenöl nehme ich zum Braten und welches für Salate?
Sie können zum Braten ein mildes Olivenöl verwenden, da ein Teil der Geschmacksstoffe des Öles beim Erhitzen verloren geht. Für Salate empfehle ich ein harmonisches oder fruchtiges Olivenöl.

Welches Olivenöl sollte nicht erhitzt werden?
Es gibt Olivenöle im Handel, die naturtrüb sind. Diese Öle sind unfiltriert und enthalten noch Bestandteile vom Fruchtfleisch der Olive. Diese positiven Inhaltsstoffe sollten nicht erhitzt werden, da sie sonst ihre gesundheitsfördernde Wirkung verlieren. Diese Sorte von Olivenöl ist meist sehr geschmacksintensiv und dieser Geschmack würde auch durch das Erhitzen verringert.

Gibt es Alternativen zum Olivenöl?
Wenn Ihnen der Geschmack von Olivenöl absolut nicht zusagt, verwenden Sie unser heimisches Rapsöl oder mischen Sie Olivenöl mit geschmacksneutralen Ölen.

Was darf ein gutes Olivenöl kosten?
Wirklich gute Qualität erhält man erst ab ca. 7-9 Euro pro Liter. Natürlich sind hier nach oben keine Grenzen gesetzt.

„Das Raunen eines Olivenhaines hat etwas Intimes, Altehrwürdiges. Es ist so überaus schön, dass ich es erst gar nicht zu fassen versuche oder zu malen wage"

Vincent van Gogh

Wussten Sie eigentlich, ...

... dass ein Olivenbaum fünf Jahre braucht, bevor er Früchte trägt und es 20 Jahre dauert, bis er am ertragreichsten ist, aber auch mehrere hundert Jahre alte Bäume noch Ertrag bringen?

... dass es weltweit 830 Millionen Olivenbäume gibt und 90 % davon im Mittelmeerraum stehen?

... dass es 150 verschiedene Sorten Olivenbäume gibt?

... dass aus 100 weißen Olivenblüten nur fünf Blüten zu einer Olive werden?

... dass weltweit jährlich etwa zehn Millionen Tonnen Oliven geerntet werden? Aus neun Millionen wird Öl gepresst und nur aus einer Million werden Tafeloliven.

... dass Olivenöl nach 18 Monaten verbraucht sein sollte?

... dass Olivenöl nach frischem Gras, wilden Kräutern, Rosen und Zitrone duften kann?

... dass Olivenöl nach Apfel, Mandel, Nuss oder Johannisbeere schmecken kann?

... dass Kreta den höchsten Olivenölverzehr der Welt hat? Ein Kreter verbraucht über 30 Liter reines Olivenöl im Jahr. Im restlichen Griechenland sind es 21 Liter pro Person.

... dass wir Deutschen uns vorläufig mit einem Liter im Jahr begnügen – noch!

... dass Massagen mit erwärmtem Olivenöl Schmerzen lindert?

... dass müde Füße nach einem Bad aus Olivenöl, Zitronensaft und warmem Wasser wieder aufleben?

... dass es auch Seifen und Cremes aus Olivenöl gibt?

... dass ein Olivenzweig der Siegerpreis für Athleten in früherer Zeit war?

... dass in der Bibel an über 250 Stellen vom Olivenöl oder dem Ölbaum die Rede ist?

Wussten Sie nicht? – jetzt wissen Sie es!

Was Sie schon immer über die mediterrane Küche wissen wollten

Warum empfehlen wir mediterrane Küche bei uns?
Weil die ernährungsbedingten Krankheiten immer mehr ansteigen und in Deutschland fast jeder zweite Erwachsene an Übergewicht leidet. Um dieser Entwicklung entgegenzuwirken ist die mediterrane Küche eine schmackhafte Alternative zu unseren herkömmlichen Essgewohnheiten.

Welche Erkrankungen können durch die mediterrane Küche positiv beeinflusst werden?
Herz-Kreislauf-Erkrankungen, Diabetes, Bluthochdruck, hohe Cholesterinwerte, Übergewicht und bestimmte Krebserkrankungen im Vorfeld.

Ist die mediterrane Küche sinnvoll, wenn diese Erkrankungen schon ausgebrochen sind?
Die mediterrane Küche ist besonders für die oben genannten Erkrankungen zu empfehlen, ausgenommen die Krebserkrankungen, die aber bis zu einem bestimmten Maße im Vorfeld durch die mediterrane Küche zu vermeiden sind.

Was ist anders an der mediterranen Küche?
Wir verwenden mehr Gemüse und Salate, weniger rotes Fleisch (Rind, Schwein), dafür mehr Geflügel und Fisch. Die Fleischportionen sind kleiner, dafür öfter überbacken oder mit Kruste. Als Hauptfettquelle dienen Olivenöl und Rapsöl.

Werden jetzt nur noch exotische und teure Lebensmittel verwendet?
Nein, wir wollen die mediterrane Küche zum großen Teil mit Lebensmitteln der Region umsetzen. Wir sprechen deshalb von einer modifizierten mediterranen Küche, welche auf unsere Ernährungsgewohnheiten abgestimmt ist.

Darf ich jetzt keine Butter mehr essen?
Doch, Sie können nach wie vor Butter in Maßen essen. Es gibt jedoch Alternativen wie Olivenölmargarine oder Rapsölmargarine, die auch im Lebensmittelhandel zu bekommen sind.

Die Bewohner der Mittelmeerländer essen ja fast nur Weißbrot, warum sollen wir Vollkornbrot und Vollkornprodukte essen?
Weil die Bewohner der Mittelmeerländer ihre Ballaststoffe über das Gemüse aufnehmen und davon mehr essen als wir.

Im Schnitt pro Tag 816 g gegenüber 257 g pro Tag bei uns. Deshalb sollten wir unser Vollkornbrot durchaus in den Speiseplan mit aufnehmen, zudem ist es ja auch eine Bereicherung der Brotauswahl.

Ihr Körper kann lernen

Ich vertrage die großen Gemüseportionen nicht!
Kann durchaus sein, dass Ihr Körper Zeit braucht, sich an diese Art der Küche mit den vielen Ballaststoffen aus dem Gemüse zu gewöhnen. Versuchen Sie immer wieder kleine Portionen zu essen, und Ihr Körper wird lernen damit umzugehen.

Darf ich jetzt keinen Schweinebraten, gebratenes Schäufele, Currywurst oder gebackenes Schnitzel mehr essen?
Natürlich dürfen Sie das noch essen, aber es sollte nicht der Hauptbestandteil Ihrer Ernährung sein. Die mediterrane Küche, die ich Ihnen anbiete, soll die gesunde Alternative zur deftigen regionalen Küche sein. (Regel: 300 Tage im Jahr vernünftig genießen, dann vertragen Sie auch 65 Tage deftige Küche).

Warum sollten wir kleinere Fleischportionen zu uns nehmen?
Weil Fleisch viele gesättigte Fettsäuren enthält, die wiederum für einen erhöhten Cholesterinspiegel mitverantwortlich sind. Zudem enthält Fleisch Purine, die in der Folge die Gichterkrankung hervorrufen können.

Eine Vielzahl von Faktoren sprechen für die mediterrane Küche

Warum ist die mediterrane Küche gesünder als andere Küchen?
Es sind viele Faktoren, die zusammentreffen. Zunächst: Der geringe Verzehr von rotem Fleisch und die Verwendung von Olivenöl senken den Cholesterinspiegel. Der hohe Anteil von Gemüse und Obst erhöht die Menge der Ballaststoffe und fördert damit eine schnelle Darmpassage der Nahrung. Ebenfalls positiv: Die hohe Anzahl der sekundären Pflanzenstoffe, die alle eine gesundheitsfördernde Wirkung haben.

Können auch Fertigprodukte in der mediterranen Küche eingesetzt werden?
Natürlich können solche Produkte eingesetzt werden, beispielsweise tiefgekühlte Gemüsemischungen oder vorgegarte Gnocchi, Nudeln und Polenta sind eine Arbeitserleichterung, wenn Sie unter Zeitdruck stehen. Kombinieren Sie einfach vorgefertigte Produkte mit frischen Kräutern, Nüssen und Kernen, um doch den Frische-Kick zu erhalten.

Was ist der Unterschied zur bisherigen Küche?
Wir verwenden weniger rotes Fleisch (Rind, Lamm und Schwein), dafür mehr Geflügel und Fisch. Der Anteil an Gemüse und kohlenhydratreichen Beilagen erhöht sich, die Hauptfettquellen sind Olivenöl und Rapsöl. Weiterhin finden Obst und Salate reichlich Verwendung.

Gibt es keine Süßspeisen in der mediterranen Küche?
In der original mediterranen Küche dient Obst in den meisten Fällen als Dessert. So ist der Obstverzehr auf Kreta der höchste in ganz Europa. Natürlich spricht nichts dagegen, wenn Sie Obst mit Milchprodukten wie Buttermilch, Quark oder Joghurt kombinieren.

Obst – die Süßspeise der Kreter

Warum nur mäßige Mengen Milchprodukte, was heißt mäßige Mengen?
Weil Milchprodukte meist auch einen hohen Fettanteil haben. Mäßige Menge heißt: 250 g Milchprodukte und ca. 40 g Käse pro Tag im Schnitt. Genießen Sie einfach Käse und Quark in Verbindung mit Salaten und Obst, dann erhalten Sie auch eine ausreichende Sättigung.

Ich dachte Fisch ist gesund, jetzt heißt es mäßige Mengen?
Fisch ist auch im Mittelmeerraum – gemessen an den anderen Lebensmitteln – teurer, deshalb hat man in früherer Zeit nur moderat Fischgerichte zubereitet. Natürlich ist Fisch dennoch gesund, es kommt jedoch auch auf die Zubereitung an, zweimal pro Woche 180 g–200 g Seefisch, zubereitet mit Oliven- oder Rapsöl, sind eine mäßige Menge.

Kann die mediterrane Küche Diäten ersetzen?
Ja, wir im Krankenhaus setzen die mediterrane Küche für die Ernährung von Patienten mit hohen Harnsäurewerten, hohen Cholesterinwerten, Diabetes, Übergewicht und Herz-Kreislauf-Erkrankungen ein.

Lieber mediterrane Küche als Diät

Ist die mediterrane Küche nicht teurer als unsere herkömmliche Küche?
Nach meiner Erfahrung nicht, denn wenn Sie den Fleischkonsum reduzieren und dafür mehr Gemüse und Obst essen, bleibt diese Küche kostenneutral.

Aber denken Sie daran:

„Lebensmittel sind Mittel zum Leben"
Sie sind es wert, etwas mehr dafür auszugeben.

Rezepte
zur mediterranen Küche mit regionalen Produkten

Inklusive Zusatzteil zur Original Kreta-Küche

Liebe Leserinnen und Leser,
im folgenden Rezeptteil habe ich Gerichte für die mediterrane Küche zusammengestellt. Ich habe darauf geachtet, dass Lebensmittel zum Einsatz kommen, die jeder von Ihnen im normalen Lebensmittelhandel kaufen kann und die auch Ihre Haushaltskasse nicht überstrapazieren.
Die Rezepte sind jeweils für **4 Personen** berechnet und gegliedert in Mengenangabe, Zubereitung, Anrichteweise und „mein Tipp". Diese Tipps sollen Ihnen helfen, Lebensmittel auszutauschen, eine andere Garmethode zu wählen oder einfach eine andere Anrichteweise.
Die Untertitel bei manchen Rezepten sollen einfach nur Spaß machen, ich möchte damit niemanden beleidigen oder niemandem zu nahe treten.

Ach ja, lesen Sie bitte sofort mein Schlusswort in diesem Buch.

Ich wünsche Ihnen viel Spaß und gutes Gelingen beim Nachkochen und Entdecken neuer Rezepte. Laden Sie Gäste ein und genießen Sie mit Freunden Ihre mediterrane Küche, denn ein gutes Gespräch beim Essen ist genauso wichtig wie ein gelungenes Gericht.

Zeichen-Erklärung zu den Rezepten

 Dauer der Zubereitung

 Geht ganz einfach – legen Sie einfach los!

 Nicht leicht, aber auch nicht schwer – so macht Kochen Spaß!

 Diese Gerichte sind etwas aufwändiger, aber das ist kein Problem für Sie!

Frühstück

Beim Frühstück sind die Unterschiede groß

Bei keiner Essgewohnheit unterscheiden sich die EU-Bürger mehr als beim Frühstück. Holländer lieben Käse und Wurst, die Engländer lieben gebratenen Speck und Porridge, die Deutschen Filterkaffee, Butter, Marmelade, aber auch deftige Streichwurst und fetten Käse. Spanier, Italiener und Franzosen sind im Gegenzug wahre Frühstücksmuffel. Einen kleinen schwarzen Kaffee, getoastetes Weißbrot, eventuell mit Olivenöl beträufelt und mit einer Scheibe Schinken belegt oder ein Croissant wie in Frankreich oder ein Stück Zwieback mit Olivenöl wie auf Kreta hält man für absolut ausreichend.

Da ich Ihnen diese Frühstücksgewohnheiten nicht unbedingt zur Nachahmung empfehlen möchte, habe ich mir einige Gedanken zum Frühstück gemacht, die ich Ihnen auf den nächsten Seiten näherbringen möchte.

Ihr guter Start in den Tag

Sie sollten darauf achten, dass Ihr Frühstück genauso ausgewogen ist wie die Mittelmeerküche. Das bedeutet mehr Brot, vor allen Dingen mehr dunkles Brot und Vollkornbrot. Weniger und vor allem fettarmer Belag. Nach Möglichkeit sollte Ihr Frühstück mit Obst und Gemüse wie Tomaten, Gurken oder Radieschen ergänzt werden. Geeignet sind auch Müsliprodukte mit frischem Obst. Warnen möchte ich Sie vor Müsli-Fertigmischungen. Sie enthalten sehr oft viel Zucker und sind meistens mit stark verarbeitetem Getreide hergestellt. Besser ist es, Sie mischen das Müsli selbst und ergänzen es mit frischen Früchten der Saison. Das hat auch noch den Vorteil, dass es kostengünstiger ist als fertige Mischungen.

So ein Müsli sollte immer Bestandteil Ihres Frühstücks sein, es versorgt Sie mit den notwendigen Kohlenhydraten, Mineralstoffen, Vitaminen und Ballaststoffen für den Start in den Tag.

Meine Müslimischung

5 Min.

ZUTATEN

500 g	kernige Haferflocken oder Vollkornhaferflocken
100 g	Sonnenblumenkerne
100 g	Cornflakes ohne Zucker
100 g	Rosinen
100 g	Bananenchips

Geben Sie unter das Müsli frisch gehackte Walnüsse oder Haselnüsse.
Sie können für das Müsli auch getrocknete Früchte verwenden.

ZUBEREITUNG

Die Bananenchips etwas zerbrechen und mit den anderen Zutaten mischen.

Die Mischung kann in einem geschlossenen Behälter einige Zeit aufbewahrt werden.

Geben Sie 3 bis 4 EL dieser Mischung in eine Schale, mischen Sie die Flocken mit 150 g Naturjoghurt, Fruchtjoghurt, Dickmilch oder Quark und schneiden frische Früchte der Saison darunter.

Bei Bedarf können Sie das Müsli mit Honig süßen.

Marktfrisches, aromatisches Obst für Ihr Frühstück.

Aufstriche für Brot oder Brötchen

5 Min.

Honigquark

ZUTATEN

100 g	Magerquark
50 g	Naturjoghurt
1 EL	Honig

ZUBEREITUNG

Quark mit dem Joghurt verrühren und dem Honig süßen.

Fruchtiger Frischkäse

ZUTATEN

100 g	körniger Frischkäse
50 g	Magerquark
75 g	Himbeeren oder Erdbeeren je nach Saison
1 EL	Honig
1 TL	gehackte Walnüsse

ZUBEREITUNG

Frischkäse mit dem Quark verrühren und mit dem Honig süßen. Die Beeren vorsichtig unterrühren und mit den gehackten Walnüssen bestreuen.

Birnenquark

ZUTATEN

200 g	Magerquark
1	Birne
1 EL	Zitronensaft
1 EL	Honig

ZUBEREITUNG

Den Quark mit dem Honig und dem Zitronensaft verrühren. Die Birne vierteln, das Kernhaus entfernen, in Würfel schneiden und unter den Quark heben.

Deftige Aufstriche für Brot oder Brötchen

5 Min.

Radieschenquark

ZUTATEN

100 g	Magerquark
50 g	Radieschen
1 Bund	Schnittlauch
	Salz, Pfeffer aus der Mühle

ZUBEREITUNG

Radieschen waschen und in feine Streifen schneiden, den Schnittlauch fein schneiden. Die Radieschen und den Schnittlauch unter den Quark rühren und mit Salz und Pfeffer abschmecken.

Paprika-Frischkäse

ZUTATEN

100 g	körniger Frischkäse
50 g	Magerquark
50 g	rote Paprika
3 Blatt	Basilikum
	Salz, Pfeffer aus der Mühle, Paprikapulver

ZUBEREITUNG

Die Paprika in feine Würfel schneiden, mit dem Frischkäse und dem Quark mischen.
Das Basilikum in feine Streifen schneiden und unter den Frischkäse heben. Den Frischkäse mit Salz, Pfeffer und Paprika abschmecken.

Karotten-Frischkäse

ZUTATEN

100 g	körniger Frischkäse
100 g	Karotten, geschält
1/2 EL	Honig
1 EL	natives Olivenöl extra (mild)
2 TL	geschnittene Blattpetersilie
	Salz, Pfeffer aus der Mühle

ZUBEREITUNG

Die Karotten fein raspeln. Den Frischkäse mit dem Honig, dem Olivenöl und der Petersilie verrühren. Die Karotten dazugeben und mit etwas Salz und Pfeffer abschmecken.

Oliven und Olivenöl– die Seele der mediterranen Küche.

Olivenöl-Dressings

Über dreißig Liter Olivenöl im Jahr

Seit Tausenden von Jahren spielt Olivenöl in der Küche der Mittelmeerländer eine bedeutende Rolle. Die Bewohner Kretas haben mit über dreißig Litern im Jahr den höchsten Verbrauch pro Einwohner auf der ganzen Welt. Es sei jedoch an dieser Stelle erwähnt, dass für die Menschen auf Kreta Olivenöl als Hauptfettquelle dient und andere Fette eher selten gegessen werden.

Auch bei uns wird Olivenöl immer beliebter und findet Einzug in unsere heimischen Küchen. Besonders schmackhaft sind Olivenöl-Dressings, weil bei ihnen der Geschmack und das Aroma von Olivenöl besonders gut zur Geltung kommt.

Testen Sie sich

Wie intensiv Sie die Frucht der Olive schmecken möchten, hängt von der Wahl des Olivenöls ab. Es gibt eine große Auswahl an verschiedenen Geschmacksrichtungen. Für die Bezeichnung des Olivenölgeschmacks gibt es feste Begriffe. So kann ein Öl frisch, pikant, fruchtig, harmonisch, mild oder auch bitter schmecken. Meine Empfehlung ist: Testen Sie sich durch den Kauf von kleinen Flaschen an Ihren Lieblingsgeschmack heran.

Köstliche Olivenöl-Dressings

Liebe Leserinnen und Leser, im folgenden Kapitel finden Sie eine Rezeptauswahl von Olivenöl-Dressings. Diese Vorschläge sollen eine Hilfe für Sie sein, Ihren Salaten, aber auch Vorspeisen durch ein anderes Dressing eine ganz neue Geschmacksrichtung zu geben.

Ganz egal für welche Variante Sie sich für Ihren Salat entscheiden, es wird auf jeden Fall eine Bereicherung und eine Abwechslung für Ihren Gaumen sein.

„Olivenöl, reintönig und leuchtend, ist das Gold des Südens"

Olivenöl-Dressing mit Frankenwein

5 Min.

- *Passt zu allen Blattsalaten.*

ZUTATEN

1	Becher saure Sahne
3 EL	natives Olivenöl extra
1	Zwiebel, klein geschnitten
20 ml	trockener weißer Frankenwein
4 EL	Estragonessig
1/2 TL	Worcestersoße
1 EL	geschnittene Petersilie
1 EL	geschnittenes Selleriegrün
1	Knoblauchzehe
	Salz, Pfeffer aus der Mühle, etwas Zucker

ZUBEREITUNG

Die Salatschüssel mit der Knoblauchzehe ausreiben. Alle Zutaten gut miteinander vermischen und unter den Blattsalat vorsichtig unterheben.

Raspeln Sie über den Salat frischen Parmesan.

Bier-Olivenöl-Dressing

- *Passt besonders gut zu Feldsalat.*

5 Min.

ZUTATEN

2 EL	Altbier
2 EL	Sherryessig
1 TL	Sojasoße
1/2 TL	Zucker
1/2 TL	Estragon
2	fein geschnittene Schalotten
1 EL	fein geschnittener Schnittlauch
6 EL	natives Olivenöl extra
	Salz, Pfeffer aus der Mühle

ZUBEREITUNG

Alle Zutaten, außer dem Olivenöl, in eine Schüssel geben. Dann das Olivenöl langsam unter Rühren hinzufügen, bis eine Marinade entsteht.

Spritziges Olivenöl-Dressing

5 Min.

- *Passt zu allen Blattsalaten.*

ZUTATEN

4 EL	natives Olivenöl extra
2 EL	Magerquark
10 ml	Sekt
	Salz, Pfeffer aus der Mühle
	Zitronensaft

ZUBEREITUNG

Olivenöl und Magerquark glatt rühren, den Sekt dazugeben mit Salz, Pfeffer und Zitronensaft abschmecken.

Rühren Sie unter das Dressing klein geschnittene Weintrauben.

Apfel-Olivenöl-Dressing

- *Passt gut zu Blattsalaten und Fenchel.*

5 Min.

ZUTATEN

1/2 EL	Dijonsenf
2 EL	Apfelessig
2 EL	stilles Mineralwasser
3 EL	natives Olivenöl extra
1 EL	gehackte Walnusskerne
1 EL	klein geschnittene Apfelwürfel
1 EL	Kerbel
1/2 TL	grobes Meersalz

ZUBEREITUNG

Alle Zutaten verrühren und mit Blattsalaten anrichten.

Geben Sie über den Salat noch frisch geschnittene Petersilie.

Olivenöl-Dressing mit Meerrettich

5 Min.

ZUTATEN

3	Eigelbe
4 EL	natives Olivenöl extra
1 TL	Meerrettich
50 g	rote Paprika, fein geschnitten
5	Basilikumblätter
	Salz, Pfeffer aus der Mühle Gurkenessig

- *Passt besonders gut zu Endiviensalat.*

ZUBEREITUNG

Die Eigelbe mit dem Olivenöl vorsichtig aufschlagen, nach Belieben mit etwas Gurkenessig verdünnen. Anschließend die übrigen Zutaten hinzugeben und verrühren.

Das Dressing noch einige Zeit ruhen lassen.

Kartoffel-Dressing mit Feldsalat

- *Passt gut im Herbst.*

5 Min.

ZUTATEN

200 g	Feldsalat
150 g	mehlige Kartoffeln
150 ml	Gemüsebrühe
4 EL	Balsamessig
4 EL	natives Olivenöl extra
1	Schalotte
150 g	Steinchampignons
	Salz, Pfeffer aus der Mühle

ZUBEREITUNG

Die Kartoffeln dämpfen und durch die Kartoffelpresse drücken. Erst die Brühe, dann Essig und das Olivenöl gut unterrühren.

Dic Pilze mit den Schalotten in Scheiben schneiden und in etwas Olivenöl anbraten, anschließend mit Salz und Pfeffer würzen.
Den Feldsalat mit dem Dressing marinieren und mit den gebratenen Champignons garnieren.

Das Kartoffeldressing passt auch gut zu Rucolasalat mit Radicchio.

5 Min.

ZUTATEN

3 EL	Rotweinessig
1 TL	rote Paprikaschote, fein geschnitten
6 EL	natives Olivenöl extra
1/2	gepresste Knoblauchzehe
	Zucker, Salz
	Cayennepfeffer

Pikantes Olivenöl-Dressing

- *Passt besonders gut zu Rohkost- und Gemüsesalaten.*

ZUBEREITUNG

Alle Zutaten gut verrühren und abschmecken.

Verwenden Sie das Dressing zu Rotkrautsalat mit Orangenfilets.

Olivenöl-Zitronensoße

• *Geht ganz einfach und ist einfach genial.*

5 Min.

Ich habe diese kalte Olivensoße auf Kreta kennengelernt und war am Anfang skeptisch. Man hat mir diese kalte Soße zu einem gebratenen Fisch serviert. Seit diesem Tag bin ich aber ein großer Fan dieser Olivenöl-Zitronensoße. Der Grund – sie ist leicht und schnell zubereitet, kann für viele Gerichte verwendet werden und schmeckt einfach erfrischend und leicht.

ZUTATEN

100 ml	natives Olivenöl extra
	Saft von 1/2 Zitrone
	Salz, Pfeffer
	Zusätzlich je nach Verwendung: Basilikum, Rosmarin, Chili, roter Pfeffer, Knoblauch

ZUBEREITUNG

Geben Sie das Olivenöl mit dem Zitronensaft in eine Schüssel und schlagen die Soße mit einem Schneebesen, bis sie eine cremige Konsistenz annimmt. Anschließend würzen Sie die Soße mit Salz und Pfeffer. Je nach Verwendung geben Sie nun die anderen Gewürze oder Kräuter zu.

VERWENDUNG

Die Soße eignet sich zu Fisch, Fleisch, Geflügel, Gemüse und Pilzen. Es ist ganz egal, ob die genannten Lebensmittel gebraten, gedünstet oder gekocht wurden – die Soße passt immer.

• Verwenden Sie die Soße als Ersatz für Kräuterbutter bei Ihrer Grillparty.

• Geben Sie zur Soße einen Löffel selbstgemachtes Pesto und marinieren Sie damit Fisch, Fleisch und Geflügel vor der Zubereitung.

• Marinieren Sie frischen Rucola und Räucherlachs mit viel schwarzem Pfeffer und der Soße – ein Traum...

Nuss-Honig-Mayonnaise

10 Min.

• *Passt besonders gut zu Gurken- und Tomatensalat.*

ZUTATEN

1 EL	Honig
1/2 EL	gehackte, geröstete Walnusskerne
1 EL	geschnittene Schalotten
1	Ei
3 EL	Weißweinessig
2 EL	Zitronensaft
1/2	Tasse natives Olivenöl extra
	Salz, Pfeffer aus der Mühle

Verwenden Sie die Nuss-Honig-Mayonnaise auch zu mariniertem Gemüse.

ZUBEREITUNG

Alle Zutaten in den Mixer geben, außer dem Olivenöl und dem Essig, 30 Sekunden mixen, bis die Zutaten sämig sind. Dann den Essig dazugeben und anschließend das Olivenöl langsam dazulaufen lassen. Mit Salz und Pfeffer abschmecken.

Auberginencreme

- *Passt zu allen Blattsalaten.*

50 Min.

ZUTATEN

5	Auberginen
2	Knoblauchzehen
150 ml	natives Olivenöl extra
	Saft von 1/2 Zitrone, Salz Pfeffer aus der Mühle

ZUBEREITUNG

Die Auberginen halbieren und ca. 40 Min. bei 180 °C im Ofen backen. Das weiche Fruchtfleisch herausschaben und im Mixer pürieren. Das Mus mit den restlichen Zutaten glatt rühren und abschmecken.

Rösten Sie Brotscheiben in Olivenöl und bestreichen sie mit der Auberginencreme.

Portwein-Dressing

5 Min.

• *Passt besonders gut zu Feldsalat.*

ZUTATEN

2 EL	Portwein
2 EL	Rotweinessig
1 EL	Balsamessig
1 EL	Sherry
10 EL	natives Olivenöl extra
	Salz, Zucker

ZUBEREITUNG

Alle Zutaten gut verrühren und abschmecken.

Schwarze Oliven in einem aromatischen Öl – Genuss pur!

Orangensalat mit Spinat

15 Min.

ZUTATEN

4	ungespritzte Orangen
80 g	frischer Spinat
1/2	Bund Petersilie
1/2	Zitrone
6 EL	natives Olivenöl extra
10	schwarze Oliven
8	geröstete Walnusskerne
	Salz, Pfeffer aus der Mühle
	Ingwerpulver

ZUBEREITUNG

Die Orangen schälen, in Scheiben schneiden und kreisförmig auf Tellern verteilen.
Aus den restlichen Zutaten ein Dressing herstellen und den Spinat damit marinieren.

Den Spinat auf die Orangenscheiben setzen und mit den gerösteten Walnusskernen und den Oliven garnieren.

Verwenden Sie im Sommer für den Salat frische Pfirsiche.

Salate

Traditionelle Gerichte der mediterranen Küche

Aufgrund des Klimas im Mittelmeerraum sind Salate und kalte Speisen seit jeher traditionelle Gerichte der mediterranen Küche. Zutaten dafür gibt es in Hülle und Fülle, vor allem Gemüse, das in vielen Gerichten auch als Salat Verwendung findet. In seiner einfachsten Form besteht Salat aus grünen oder gemischten Blattsalaten mit einer Vinaigrette.
Darüber hinaus gibt es aber viele weitere Möglichkeiten, Blattsalate mit anderen Gemüsen und Zutaten zu einem Feuerwerk der Farben und Aromen zu vereinen.

Olivenöl und Rapsöl in Verbindung mit verschiedenen Essigen sind natürlich die gigantischen Traumpartner zu den Salaten verschiedenster Art.

Sekundäre Pflanzenstoffe

Im Mittelmeerraum und speziell auf Kreta werden gerne Salate aus Wildkräutern zubereitet, diese haben einen hohen Anteil an gesundheitsfördernden, sekundären Pflanzenstoffen.
Sie können bei uns diese Wildkräuter mit unseren heimischen Salaten wie Rucola, Löwenzahnsalat oder Endiviensalat leicht ersetzen.

Machen Sie es so wie ich, bauen Sie täglich wechselnde Salate mit immer wieder verschiedenen Zutaten in Ihren Speiseplan ein.

Gebratenes Gemüse mit frischen Kräutern – so schmeckt Gemüse.

Griechischer Bauernsalat

• *Der Klassiker.*

15 Min.

Kein Salat der mediterranen Küche hat wohl hierzulande mehr Berühmtheit als der Bauernsalat erlangt. Von meinen Tavernenbesuchen auf Kreta weiß ich, dass es unzählige Variationen dieses Salates gibt, die je nach Region unterschiedlich sein können. Ich habe für Sie meine Variante dieses Vitaminspenders zusammengestellt.

ZUTATEN

2	Tomaten
1	Salatgurke
2	rote Zwiebeln
2	Frühlingszwiebeln
2	Karotten
125 g	Rucola (oder anderer Blattsalat)
50 g	Blattpetersilie
50 g	Oliven (schwarz mit Stein)
200 g	Schafskäse
	Salz, Pfeffer aus der Mühle natives Olivenöl extra

ZUBEREITUNG

Von den Tomaten den Strunk entfernen, Tomaten in Spalten schneiden. Die Gurke schälen, der Länge nach halbieren und in ca. 1 cm breite Stücke schneiden. Die roten Zwiebeln schälen, halbieren und in Streifen schneiden. Die Frühlingszwiebeln waschen und in feine Ringe schneiden. Die Karotten schälen und in feine Scheiben schneiden. Rucola waschen und abtropfen lassen. Von der Blattpetersilie die Blätter abzupfen.
Alle Zutaten (bis auf Blattpetersilie, Rucola und Oliven) mischen, mit Salz, Pfeffer würzen und ca. 15 Min. ziehen lassen. Nun den Rucola, die Blattpetersilie und die Oliven untermischen.
Zum Schluss den Salat mit Olivenöl beträufeln.

Servieren Sie dazu frisches Stangenbrot oder frisches Vollkornbrot.

ANRICHTEN

Den Schafskäse in 4 Portionen à 50 g teilen, mit Pfeffer aus der Mühle würzen und mit etwas Olivenöl beträufeln. Bauernsalat auf einem Teller anrichten und den Schafskäse darauf legen.

Bunter Zucchini-Tomaten-Paprikasalat

25 Min.

• *Bunter Vitamin-Kick.*

ZUTATEN

1	Zucchini
2	Tomaten
1	gelbe Paprika
1 EL	Sherryessig
1/2 TL	Senf
1	kleine Zwiebel
1/4	Bund Schnittlauch
1/4 TL	Thymian
3 EL	natives Olivenöl extra
	Salz, Pfeffer aus der Mühle
2 EL	natives Olivenöl extra
2 Sch.	Vollkornbrot, in Würfel geschnitten

ZUBEREITUNG

Zucchini waschen und in feine Scheiben schneiden. Paprika waschen, halbieren, entkernen und in feine Streifen schneiden.
Die Tomaten waschen, Strunk entfernen und Tomaten in Achtel schneiden.
Für das Dressing die Zwiebel in feine Würfel schneiden, mit dem Senf, Essig, Salz und Pfeffer zu einer Soße verquirlen. Den Schnittlauch in feine Ringe schneiden, mit dem Olivenöl und dem Thymian unter die Salatmarinade rühren.

Die geschnittenen Gemüse mit dem Dressing mischen und 20 Min. ziehen lassen. Olivenöl in einer Pfanne erhitzen und die Vollkorncroutons darin anrösten.

ANRICHTEN

Salat auf einem Teller anrichten und mit den Croutons garnieren.

Portulaksalat mit Schalotten und Sesam

10 Min.

Portulak gilt auf Kreta als der gesündeste Salat überhaupt. Er hat dickfleischige, ovale Blätter und feste Stiele. Der Salat ist unverzichtbarer Bestandteil für jeden Bauernsalat in den Dörfern der Insel.
Er wächst oft in den Gärten der Bauern, aber auch an Mauern und Hängen. Der kretische Name für den Salat ist „Glistrida".

ZUTATEN

250 g	Portulak
2	Schalotten
30 g	Sesam
4 EL	kalte Gemüsebrühe
2 EL	Balsamessig
2 EL	natives Olivenöl extra
	Salz, Pfeffer

ZUBEREITUNG

Portulak waschen und in eine Schüssel geben.
Die Schalotten in feine Ringe schneiden und unter den Salat mischen.

Für das Dressing Gemüsebrühe, Essig, Olivenöl, Salz und Pfeffer verquirlen und über den Salat geben. Den Sesam in einer beschichteten Pfanne (ohne Fett) anrösten.

ANRICHTEN

Den Salat auf einem Teller anrichten und mit dem gerösteten Sesam bestreuen.

Geben Sie zur Farbgebung Schnittlauchblüten unter den Salat.

Kräutersalat mit Radieschen und Birnen

10 Min.

• *Gut kombiniert.*

ZUTATEN

50 g	Brunnenkresse
50 g	Portulak
50 g	Blattpetersilie
50 g	Schnittlauch
100 g	Rucola
15 Blatt	Basilikum
1	kl. Bund Radieschen
1	Birne
100 ml	Gemüsebrühe
1 TL	Senf
2 EL	Balsamessig
3 EL	natives Olivenöl extra
	Salz, Pfeffer aus der Mühle
2 EL	frisch geriebener Parmesan

ZUBEREITUNG

Brunnenkresse, Portulak, Basilikum und Rucola waschen und abtropfen lassen. Schnittlauch waschen und in 1 cm lange Stücke schneiden. Blattpetersilie waschen und zupfen. Radieschen waschen und in Scheiben schneiden.
Die Birne waschen, vierteln, entkernen und in 1 cm große Würfel schneiden.

Für das Dressing Gemüsebrühe, Senf, Balsamessig, Salz und Pfeffer verquirlen und das Olivenöl unterrühren. Alle Zutaten mischen und mit dem Dressing marinieren.

ANRICHTEN

Den Kräutersalat auf einem Teller anrichten und mit dem geriebenen Parmesan bestreuen.

Geben Sie unter den Salat Salbeiblüten.

Rucolasalat mit Äpfeln, Orangen und Walnusskernen

10 Min.

• Sekundäre Pflanzenstoffe pur.

Rucola mit seinem herben Aroma verleiht vielen Gerichten einen besonderen Geschmack. Ein besonderes Gaumenerlebnis ergibt Rucola in Verbindung mit Früchten und Nüssen wie im folgenden Rezept beschrieben.

ZUTATEN

300 g	Rucola
2	Äpfel
2	Orangen
8 EL	Zitronensaft
6 EL	natives Olivenöl extra
40 g	Walnusskerne
20 g	Parmesan
	Zucker, Salz
	Pfeffer aus der Mühle

ZUBEREITUNG

Rucola waschen und abtropfen lassen, Äpfel vierteln, entkernen und in Scheiben schneiden. Orangen schälen und filetieren. Zitronensaft mit Salz, Pfeffer und einer Prise Zucker verrühren und das Olivenöl zugeben. Alle Zutaten mit dem Dressing marinieren.

ANRICHTEN

Den Salat auf einem Teller anrichten, mit geriebenem Parmesan und den Walnusskernen bestreuen.

• Sie können für diesen Salat alle Arten von Blattsalat verwenden.
• Probieren Sie Rucola auch als Gemüse, Zubereitung wie Spinat.

Rucolasalat mit Kirschtomaten und Zitronen-Olivenölsoße

15 Min.

ZUTATEN

400 g	Rucola
200 g	Kirschtomaten
40 ml	natives Olivenöl extra
	Saft 1/2 Zitrone
	Salz, Pfeffer, Knoblauch

- Geben Sie über den Salat gerösteten Sesam.
- Raspeln Sie einen Apfel über den Salat.

Rucola macht Müde munter, die Naturheilkunde spricht den kleinen braunen Rucolasamenkörnern große Heilkräfte zu, die Pflanze hat tatsächlich eine bakterienabtötende Wirkung. Außerdem ist Rucola reich an Vitamin C und enthält daneben eine Menge Mineralstoffe und organische Säuren, die den Appetit anregen und ausgezeichnet gegen Müdigkeit wirken.

ZUBEREITUNG

Rucola waschen und gut abtropfen lassen.
Die Kirschtomaten ebenfalls waschen und halbieren.
Olivenöl und Zitronensaft mischen und mit einem Schneebesen zu einer cremigen Konsistenz schlagen.

Die Soße mit Salz und Pfeffer würzen. Knoblauch in feine Scheibchen schneiden und zur Soße geben.
Zum Schluss Rucola mit den Kirschtomaten und dem Dressing gut mischen und ca. 10 Minuten einziehen lassen.

ANRICHTEN

Geben Sie den Salat auf einen Teller und garnieren ihn mit Rucolablüten.

Radicchio-Endiviensalat mit Äpfeln, Zwiebeln, Karotten und Walnüssen

20 Min.

• *Regionale – mediterrane Küche.*

ZUTATEN

200 g	Endivien, 3 x 3 cm geschnitten
100 g	Radicchio, 3 x 3 cm geschnitten
2	Äpfel
1	Zwiebel
60 g	feine Karottenscheiben
40 g	gehackte Walnüsse
30 g	grüne Oliven
80 g	Schafskäse
20 g	geriebenen Parmesan
	Salz, Pfeffer Saft von 1 Zitrone

Vinaigrette:

2	gekochte Eigelbe
4 EL	Gemüsebrühe
6 EL	natives Olivenöl extra
1/2 TL	Senf (mittelscharf)
1 EL	Gemüsemeerrettich
8 Blatt	geschnittenes Basilikum
	Salz, Pfeffer aus der Mühle Zucker

ZUBEREITUNG

Die Zwiebel in feine Streifen schneiden, die Karottenscheiben untermischen und mit Zitronensaft, Salz und Pfeffer marinieren.
Für die Vinaigrette die gekochten Eigelbe mit dem Senf und der Gemüsebrühe verrühren, mit Olivenöl vorsichtig aufschlagen und mit Salz, Pfeffer und Zucker abschmecken. Zum Schluss den Meerrettich und das Basilikum zugeben. Den Salat mit der Vinaigrette marinieren.

ANRICHTEN

Die Äpfel in Spalten schneiden und kreisförmig auf den Teller legen, die marinierten Zwiebeln und Karotten mittig platzieren und den Radicchio-Endiviensalat darauf anrichten.

Zum Schluss mit Oliven, Walnüssen, Schafskäse und dem Parmesan bestreuen.

Salat von Champignons, Rucola, Paprika und geräucherter Forelle

15 Min.

ZUTATEN

100 g	Rucola
200 g	Champignons in Scheiben
1/2	rote Paprika
10	grüne Oliven in Scheiben
200 g	geräuchertes Forellenfilet
1	kleingeschnittene Knoblauchzehe
100 g	Frühlingszwiebeln, in Ringe geschnitten

Vinaigrette:

3 EL	natives Olivenöl extra
6 EL	Birnensaft
3 EL	Balsamessig
	Salz, weißer Pfeffer Zucker kleingeschnittener Dill
1 EL	gehackte Walnusskerne

ZUBEREITUNG

Für die Vinaigrette den Birnensaft und den Balsamessig verrühren, mit Salz, Zucker und Pfeffer abschmecken, zum Schluss das Olivenöl, den Dill und die Walnusskerne unterrühren.

Rucola, Champignons, Frühlingszwiebeln, Knoblauch und Oliven in die Vinaigrette geben. Die Paprika in kleine Würfel und das Forellenfilet in 3 x 3 cm große Stücke schneiden und ebenfalls in die Vinaigrette geben.

Den Salat vorsichtig mischen, abschmecken und auf einem Teller anrichten.

Bestreuen Sie den Salat mit geröstetem Sesam und geriebenem Parmesan.

Orangen-Zwiebelsalat mit Feta, Fenchel und Rucola

• *Sekundäre Pflanzenstoffe, die bis zu zwölf Stunden wirken.*

15 Min.

ZUTATEN

2	Orangen
1	Fenchelknolle mit Grün
4	Frühlingszwiebeln
200 g	Rucola
100 g	Feta oder Schafskäse
40 g	Oliven
	Saft einer halben Zitrone
	Salz, Pfeffer aus der Mühle

Vinaigrette:

	Saft einer Orange
	Salz, Pfeffer
2 EL	Balsamessig
1 EL	natives Olivenöl extra

ZUBEREITUNG

Orangen schälen und in Scheiben schneiden. Fenchel halbieren, Strunk entfernen und in feine Scheiben schneiden. Beides mit Zitronensaft, Salz und Pfeffer marinieren. Frühlingszwiebeln waschen und in dünne Scheiben schneiden. Rucola waschen und abtropfen lassen, Feta in kleine Würfel schneiden.

Für die Vinaigrette Orangensaft, Salz, Pfeffer, Essig verquirlen und das Olivenöl einrühren. Rucola und Frühlingszwiebeln mit der Vinaigrette marinieren.

ANRICHTEN

Orangen und Fenchelscheiben zuerst auf dem Teller platzieren, darauf den Rucolasalat anrichten, mit Feta und den Oliven garnieren.

Tipp:

Servieren Sie dazu frisches Vollkornbrot.

Blumenkohlsalat mit Chilisoße

• *Blumenkohl einmal anders.*

40 Min.

ZUTATEN

800 g	Blumenkohl
1 l	Gemüsebrühe
5 g	Kurkuma

Chilisoße:

300 g	passierte Tomaten
3	Chilischoten
1 Prise	Cayennepfeffer
	Salz, Pfeffer, Zucker

ZUBEREITUNG

Blumenkohl putzen und in kleine Röschen schneiden. Gemüsebrühe mit Kurkuma aufkochen, den Blumenkohl zugeben und bissfest garen. Im Fond erkalten lassen.

Für die Chilisoße die passierten Tomaten mit den gehackten Chilischoten, Cayennepfeffer, Salz, Pfeffer und Zucker abschmecken.

ANRICHTEN

Chilisoße auf den Tellern platzieren und den Blumenkohl darauf anrichten.

Passt gut zu italienischer Salami oder rohem Schinken.

Bohnensalat mit gebratenem Schafskäse

• *Eine pikante Komposition.*

30 Min.

ZUTATEN

400 g	grüne Bohnen
40 g	Sonnenblumenkerne
40 g	Kürbiskerne
100 g	Tomaten, gewürfelt
80 g	Schalottenwürfel
200 g	Schafskäse
20 g	Mehl
2 EL	natives Olivenöl extra

Vinaigrette:

2 EL	Zitronensaft
4 EL	Gemüsebrühe
2 EL	natives Olivenöl extra
	Salz, Zucker, Pfeffer aus der Mühle

ZUBEREITUNG

Für die Vinaigrette Zitronensaft, Gemüsebrühe und das Olivenöl verrühren, mit Salz und Pfeffer abschmecken.

Die Bohnen in Salzwasser bissfest garen, abschütten und noch lauwarm mit der Vinaigrette marinieren.

Die Sonnenblumenkerne und die Kürbiskerne in einer beschichteten Pfanne ohne Fett leicht anrösten, die Schalottenwürfel und die Tomatenwürfel zugeben, mit Salz, Zucker und Pfeffer abschmecken und zu den marinierten Bohnen geben.

Den Schafskäse kurz in kaltes Wasser tauchen, in Mehl wenden und in Olivenöl von beiden Seiten leicht anbraten.

ANRICHTEN

Den Bohnensalat auf einen Teller geben und den gebratenen Schafskäse darauf anrichten.

Servieren Sie dazu Vollkornbrot oder geröstete Schwarzbrotwürfel.

Mozzarellabällchen mit Kirschtomaten und Kräuterpesto

10 Min.

ZUTATEN

1	Kopfsalat
350 g	Mozzarellabällchen
300 g	Kirschtomaten
50 g	Pesto (Rezept s. S. 132)
	Salz, Pfeffer
	Balsamessig
	natives Olivenöl extra
	kleine Holzspieße

- Falls Sie keine Mozzarellabällchen bekommen, können Sie den Mozzarella auch in Würfel schneiden.
- Die Spieße können auch mit Schafskäse zubereitet werden.
- Schwarze Oliven passen farblich sehr gut zu den Spießen.

- *Partykäse einfach und schnell, aber optisch sensationell.*

Mozzarella, Tomaten, Salate und Pesto sind seit jeher Lebensmittel der mediterranen Küche. Dieses Rezept zeigt, wie einfach es ist, eine farbenfrohe Vorspeise für Ihre Gäste oder Ihre Familie auf den Tisch zu bringen.

ZUBEREITUNG

Den Kopfsalat vierteln und waschen. Die Kirschtomaten ebenfalls waschen. Mozzarellabällchen abtropfen lassen.

ANRICHTEN

Die Kopfsalatviertel auf einem großen Teller oder einer großen Platte mittig platzieren.

Den Salat mit Balsamessig und Olivenöl beträufeln, anschließend mit Salz und Pfeffer würzen. Auf jeden Holzspieß jeweils ein Mozzarellabällchen und eine Kirschtomate aufspießen.
Die Käse-Tomatenspießchen auf dem Kopfsalat verteilen.
Zum Schluss die Spießchen und den Kopfsalat mit dem Pesto beträufeln. Mit Salz und Pfeffer würzen.

Salat von weißen Bohnen mit Lauch, Tomaten, Paprika und Petersilie

95 Min.

Hülsenfrüchte in ihrer ganzen Artenvielfalt finden als pflanzliches Eiweiß große Verwendung in der mediterranen Küche. Untenstehendes Rezept verbindet die typischen Aromen der Mittelmeerküche wie Knoblauch, Thymian und Zitrone zu einem besonderen Geschmackserlebnis.

ZUTATEN

200 g	getrocknete weiße Bohnen
1	Knoblauchzehe
4 EL	weißer Balsamessig
1 TL	frischer Thymian
2 EL	natives Olivenöl extra
	Salz, Pfeffer, Saft und Abrieb einer Zitrone

1 EL	natives Olivenöl extra
150 g	Lauch
2	Tomaten
1	gelbe Paprika
1	Bund Blattpetersilie
1	rote Zwiebel

ZUBEREITUNG

Die Bohnen über Nacht in kaltem Wasser einweichen. Den Knoblauch schälen und in feine Würfel schneiden. Die Bohnen mit dem Einweichwasser und dem Knoblauch ca. 60 Min. weich kochen.
Die Garflüssigkeit abgießen und etwa 100 ml auffangen. Den Sud mit Salz, Pfeffer, Balsamessig, Zitronensaft und dem Olivenöl verrühren. Die Bohnen mit dem Sud vermischen und 30 Min. ziehen lassen.
Lauch waschen und in Streifen schneiden.
Die Tomaten vierteln, entkernen und ebenfalls in Streifen schneiden. Paprika waschen, entkernen und in feine Würfel schneiden.
Die vorbereiteten Zutaten kurz im Olivenöl anbraten und mit den marinierten Bohnen vermischen. Die Blattpetersilie und den Thymian zupfen, unter den Salat heben und nochmals abschmecken. Die Zwiebel in Ringe schneiden.

ANRICHTEN

Den Bohnensalat portionsweise auf einem Teller anrichten, mit den Zwiebelringen garnieren und dem Zitronenabrieb bestreuen.

Geben Sie unter den Salat Würfel vom Schafskäse. Sie können unter den Salat auch Rucola mischen.

Hähnchenbrustsalat mit Fenchel, Karotten, Stangensellerie und frischen Kräutern

40 Min.

ZUTATEN

400 g	Hähnchenbrustfilet
500 ml	Gemüsebrühe
3 EL	natives Olivenöl extra
1	unbehandelte Zitrone
1	Schalotte, gewürfelt
5	Basilikumblätter
	Dill, Schnittlauch, Estragon, Kerbel
1	Fenchelknolle
2	Karotten
150 g	Stangensellerie
	Salz, Pfeffer aus der Mühle
2 EL	gerösteter Sesam

Geben Sie über den Salat fein gehobelten Parmesan und ergänzen Sie diese Vorspeise mit Blattsalaten zu einem Hauptgericht.

• *Könnte auch ein Hauptgericht sein.*

ZUBEREITUNG

Das Hähnchenbrustfilet in der Gemüsebrühe ca. 15 Min. bei leichter Hitze garen. In der Zwischenzeit die Fenchelknolle in feine Streifen schneiden, die Karotten schälen und in feine Scheiben schneiden. Den Stangensellerie fein hobeln.

Das Hähnchenbrustfilet aus dem Fond nehmen und in feine Streifen schneiden. Die Hälfte des Geflügelfonds mit dem Saft und Abrieb der Zitrone, dem Olivenöl, den klein geschnittenen Kräutern und den Schalottenwürfeln verrühren. Mit Salz und Pfeffer abschmecken. Alle Zutaten mit der Marinade vermischen und ca. 10 Min. ziehen lassen.

ANRICHTEN

Den Geflügelsalat auf einem Teller anrichten und mit frischen Kräutern und dem gerösteten Sesam garnieren.

Kartoffelsalat mit Mozzarella und Rucola

35 Min.

• *Ein kreativer Kartoffelsalat.*

ZUTATEN

1 kg	festkochende Kartoffeln
150 g	Rucola
250 g	Mozzarella
2	rote Zwiebeln
2	Knoblauchzehen
300 ml	kalte Gemüsebrühe
4 EL	Balsamessig
4 EL	natives Olivenöl extra
	Salz, Pfeffer aus der Mühle, frischer Schnittlauch, geschnitten

ZUBEREITUNG

Die Kartoffeln ca. 20 Min. im Dampf bissfest garen. Den Mozzarella in Scheiben schneiden.
Für die Vinaigrette die roten Zwiebeln in feine Würfel schneiden, den Knoblauch durchpressen, beides mit der Gemüsebrühe und dem Balsamessig verrühren. Mit Salz und Pfeffer abschmecken, zum Schluss das Olivenöl unterrühren.

Den Rucola mit einem Teil der Vinaigrette marinieren. Die Kartoffeln noch lauwarm schälen, in Scheiben schneiden und schuppenartig mit dem Mozzarella auf einem Teller anrichten. Den Salat mit der restlichen Vinaigrette begießen.

ANRICHTEN

Den marinierten Rucola auf dem Kartoffelsalat anrichten und mit frischem Schnittlauch bestreuen.

Geben Sie in das Olivenöl frisch geschnittenes Basilikum, der Duft und Geschmack des Basilikums harmoniert wunderbar mit den Kartoffeln und dem Mozzarella.

Mariniertes Gemüse

40 Min.

• Partygemüse, das genießen lässt.

ZUTATEN

2	rote Paprika
2	gelbe Paprika
1	Zucchini
1	Karotte
1	Fenchelknolle
1	Aubergine
1	Knoblauchzehe
8 EL	Balsamessig
6 EL	natives Olivenöl extra
50 g	Rucola
	Rosmarin, Thymian, Salz Pfeffer aus der Mühle
	gerösteter Sesam Parmesan, frisch gerieben

ZUBEREITUNG

Alle Gemüse waschen. Paprika vierteln und entkernen, die Fenchelknolle achteln, Zucchini und Karotte in Scheiben schneiden. Die geschnittenen Gemüse mit Salz, Pfeffer und dem zerdrückten Knoblauch marinieren.
Das Gemüse mit einem Teil des Olivenöls bei mittlerer Hitze hellbraun anbraten. Nach der Hälfte der Garzeit den Rosmarin und den Thymian auf das Gemüse legen, damit sich das Aroma der Kräuter entfalten kann. Anschließend das gebratene Gemüse in eine Form dachziegelartig einschichten. Balsamessig mit Salz, Pfeffer und Olivenöl verrühren und damit das Gemüse marinieren. Zum Schluss den Rucola auf dem Gemüse anrichten, mit Sesam und Parmesan bestreuen.

Sie können dieses Gericht auch mit anderen Gemüsesorten zubereiten. Lassen Sie das Gemüse über Nacht marinieren.

Wichtig:
Das Gemüse soll vor dem Servieren Zimmertemperatur haben.

Aufgepasst – der Trick mit der Aubergine!

Wie Sie sicherlich bemerkt haben, fehlt in der oben stehenden Zubereitungsanleitung die Aubergine. Das hat auch seinen Grund. Die Zubereitung der Aubergine verlangt nämlich eine andere Zubereitung als die der restlichen Gemüse. Und so geht´s: Schneiden Sie die Aubergine in Scheiben, ritzen Sie die Scheiben von beiden Seiten mit einem scharfen Messer leicht rautenförmig ein, das verhindert, dass sich die Scheiben beim Braten wölben. Nun geben Sie die Auberginenscheiben in eine heiße, beschichtete Pfanne und rösten die Scheiben ohne Fett in der Pfanne hellbraun an. Das Rösten ohne Fett verhindert, dass sich die Scheiben mit Fett voll saugen. Anschließend können Sie die Auberginenscheiben mit dem restlichen Gemüse wie oben beschrieben marinieren.

Würziger Käse auf dem Bauernmarkt in Mires (Kreta).

Eingelegter Ziegenkäse mit Oliven und Mandeln

20 Min.

ZUTATEN

Für die Marinade:

1 TL	frischer Rosmarin
2 TL	frische Petersilie
2	Knoblauchzehen, zerdrückt
1 TL	schwarze Pfefferkörner
1	Zweig Thymian
3 EL	Weißweinessig
16 EL	natives Olivenöl extra
	Salz, Pfeffer aus der Mühle
150 g	Ziegenkäse
100 g	grüne oder schwarze Oliven
100 g	geschälte Mandeln
1 EL	natives Olivenöl extra
1/2 TL	Cayennepfeffer, Salz

- Natürlich kann man dieses Gericht auch als Hauptgang genießen, servieren Sie dazu frische Apfelspalten und geröstetes Vollkornbrot.
- Dieses Gericht lässt sich auch mit Schafskäse zubereiten.

ZUBEREITUNG

Für die Marinade die Kräuter, den Knoblauch, Essig und das Olivenöl vermischen und mit Salz und Pfeffer aus der Mühle abschmecken.
Den Ziegenkäse in Würfel schneiden und mit den Oliven in die Marinade geben. Die Mandeln im Olivenöl anrösten und zum Schluss mit Cayennepfeffer und Salz würzen, ebenfalls in die Marinade zum Ziegenkäse geben und drei Tage in einer abgedeckten Schüssel ziehen lassen.

ANRICHTEN

Servieren Sie den eingelegten Ziegenkäse in kleinen Schälchen als Vorspeise oder zum Schluss eines Menüs.

Suppen

Suppen waren und sind in der Mittelmeerküche von großer Bedeutung. Früher, als diese Länder sehr arm waren, sättigte eine Suppe viele hungrige Mäuler. Die Palette der traditionellen mediterranen Suppen reicht von gehaltvollen Eintöpfen bis hin zu fruchtigen Gemüsesuppen. Vor allem im Winter kochte man rustikale Gerichte mit Linsen, Bohnen und anderen Hülsenfrüchten. Dazu aß man reichlich Brot. Gerade Hülsenfrüchte finden in der Mittelmeerküche viel Verwendung, sind sie doch ein wichtiger Bestandteil echter, ungekünstelter mediterraner Küche.

Suppen sind in der Mittelmeerküche von großer Bedeutung

Viele dieser Zubereitungen sind deshalb ausgesprochen schlicht und manche von ihnen werden seit langer Zeit von Generation zu Generation weitergereicht.

Einfach und unkompliziert

Es gibt viele unkomplizierte Rezepte für Suppen, deren Gelingen allein von der Qualität der Zutaten abhängt, so zum Beispiel die Knoblauchsuppe. Die einfachste Version besteht aus nichts anderem als Knoblauch, Gemüsebrühe, Gewürze und Weißbrot.

Natürlich findet auch die ganze Vielfalt der Gemüsesorten Verwendung. Viele dieser Rezepte lassen sich auch auf andere Gemüsesorten übertragen. Ob eine aromatische Tomatensuppe oder eine gehaltvolle Kürbissuppe - dem Ideenreichtum sind hier keine Grenzen gesetzt.

Frische Tomatensuppe

25 Min.

• *Der sekundäre Pflanzenstoff „Lycopin" wirkt in der warmen Form drei- bis viermal stärker.*

ZUTATEN

1 kg	reife Tomaten
2 EL	natives Olivenöl extra
400 ml	Gemüsebrühe
4 EL	Tomatenmark
2 EL	Balsamessig
1 EL	Zucker
1	Bund Basilikum
	Salz, Pfeffer aus der Mühle

Überbacken Sie die Suppe mit Mozzarellascheiben.

ZUBEREITUNG

Tomaten vierteln und zusammen mit dem Tomatenmark in Olivenöl anschwitzen. Mit Gemüsebrühe auffüllen und bei mäßiger Hitze 20 Min. köcheln lassen. Essig, Zucker zugeben, die Suppe mixen und mit Salz und Pfeffer abschmecken.

Zum Schluss das Basilikum in feine Streifen schneiden und zur Suppe geben.

ANRICHTEN

Suppe anrichten und eventuell mit Croutons bestreuen.

Gemüsesuppe mit Parmesan

• *Geht auch als Hauptgericht.*

25 Min.

ZUTATEN

100 g	Zucchini
100 g	Karotten
100 g	Lauch
100 g	Kartoffeln
1	Zwiebel
2 EL	Tomatenmark
1 l	Gemüsebrühe
100 g	Suppennudeln
10 Blatt	frisches Basilikum
2 EL	natives Olivenöl extra
60 g	frisch geriebener Parmesan
4	Baguettescheiben
	Salz und Pfeffer

ZUBEREITUNG

Das Gemüse, die Kartoffeln und die Zwiebel in 1 cm große Würfel schneiden.
Einen Teil des Olivenöls in einem Topf erwärmen. Das Gemüse mit den Kartoffeln und der Zwiebel darin anschwitzen, mit Salz und Pfeffer würzen, Tomatenmark zugeben, mit der Gemüsebrühe auffüllen und ca. 10 Min. köcheln lassen.
Die Nudeln hinzugeben und weitere 10 Min. kochen, bis die Nudeln bissfest sind.

Die Suppe noch einmal abschmecken. Das Basilikum klein schneiden und zur Suppe geben.
Das restliche Olivenöl in einer Pfanne erhitzen und die Baguettescheiben darin von beiden Seiten goldgelb anbraten.

ANRICHTEN

Die Suppe in eine Tasse geben, die Brotscheiben darauf legen und mit frischem Parmesan bestreuen.

Geriebenen Käse auf die Suppe streuen und unter dem Grill Ihres Backofens gratinieren.

Pikante Kürbissuppe

35 Min.

• *Eine mineralstoffreiche Suppe mit dem gewissen Extra.*

ZUTATEN

700 g	Kürbis
2 EL	natives Olivenöl extra
300 g	Lauch
1 St.	Knoblauchzehe in Würfeln
1 TL	gemahlener Ingwer
1 TL	gemahlener Kümmel
700 g	Gemüsebrühe
	Salz, Pfeffer aus der Mühle
4 EL	Naturjoghurt

• Als Garnitur passen auch geröstete Kürbiskerne.
• Geben Sie über die Suppe ein paar Tropfen Kürbiskernöl. (siehe Bild)

ZUBEREITUNG

Kürbis schälen, entkernen und in Würfel schneiden. Lauch waschen und in Stücke schneiden.

Beide Gemüse in Olivenöl andünsten. Knoblauch, Ingwer und Kümmel zugeben und mit Gemüsebrühe auffüllen, ca. 30 Min. köcheln lassen, bis der Kürbis weich ist.

Die Suppe im Mixer pürieren und mit Salz und Pfeffer abschmecken.

ANRICHTEN

Suppe in einen vorgewärmten Teller geben und mit einem Löffel Naturjoghurt garnieren.

Knoblauchsuppe

• *Bitte nur zu zweit essen.*

15 Min.

ZUBEREITUNG

Olivenöl erhitzen, Baguettescheiben von beiden Seiten anbraten und beiseite stellen.

Knoblauch ins Öl geben, kurz anbraten, mit Paprikapulver, Kümmel und Kurkuma bestäuben und mit Gemüsebrühe aufgießen, 5 Min. kochen lassen, mit Salz und Pfeffer abschmecken.

ANRICHTEN

Baguettescheiben in die Teller legen, mit der Suppe aufgießen und mit Petersilie bestreuen.

ZUTATEN

2 EL	natives Olivenöl extra
4	große Knoblauchzehen, abgezogen und gepresst
4	Baguettescheiben, ca. 3 cm dick
1 EL	Paprikapulver
800 ml	Gemüsebrühe
1 Prise	Kümmel
1 Prise	Kurkuma
	Salz, Pfeffer aus der Mühle
	geschnittene Petersilie zum Garnieren

Geben Sie auf die Suppe geriebenen Käse.

Gemüseeintopf mit weißen Bohnen

45 Min.

• *Ein kräftiges Gericht auch für den Winter.*

ZUTATEN

3 EL	natives Olivenöl extra
2	Zwiebeln, fein geschnitten
2	Karotten, in Scheiben geschnitten
2	Knoblauchzehen, zerdrückt
2	Stangen Staudensellerie, in Scheiben
1	Fenchelknolle, gewürfelt
2	Zucchini, in feine Scheiben geschnitten
400 g	passierte Tomaten
2 EL	Pesto
900 ml	Gemüsebrühe
400 g	weiße Bohnen aus der Dose
	Salz, Pfeffer
200 g	frischer Spinat
1 EL	Olivenöl
8 Sch.	Weißbrot
	gehobelter Parmesan

ZUBEREITUNG

In einem großen Topf Zwiebeln, Karotten, Knoblauch, Sellerie und Fenchel 10 Min. dünsten. Zucchini zugeben und weitere 2 Min. garen. Die passierten Tomaten, Pesto, Brühe und Bohnen zugeben und aufkochen.

Die Temperatur reduzieren und zugedeckt 25-30 Min. köcheln lassen, bis das Gemüse weich ist. Mit Salz und Pfeffer aus der Mühle abschmecken.

Den Spinat 2 Min. im Olivenöl dünsten und zusammenfallen lassen.

ANRICHTEN

In einen Suppenteller zunächst zwei Scheiben Weißbrot legen, den Spinat darüber verteilen und dann die Suppe daraufgeben.
Zum Schluss mit etwas Olivenöl beträufeln und mit Parmesan bestreuen.

Verwenden Sie statt Spinat auch Endiviensalat oder Römersalat.

Soßen

Schwere Bratensoße ade ...

Soßen in der mediterranen Küche sind ein besonderes Kapitel für sich. Schwere Fleisch- und Bratensoßen mit Sahne verfeinert, wie wir sie kennen, finden in der Mittelmeerküche keine Verwendung. Die Soßen der mediterranen Küche sind entweder direkt aus dem Fleisch gezogen, mit Weiß- oder Rotwein. Aber die häufigste Art der Soße ist die Soße aus Gemüse oder in Verbindung mit Gemüse zubereitet. Dabei ist es egal, ob es sich um Gerichte der warmen Küche oder um kalte Gerichte handelt, Gemüse wird häufig in den Rezepten verarbeitet.

Natürlich ist auch bei den Gemüsesoßen die Qualität der Zutaten von großer Bedeutung: Vollreife, aromatische Früchte geben den Soßen mehr Geschmack als unreife Früchte.

Besonderheiten: Dips

Eine Besonderheit sind auch kalte Soßen zu warmen Speisen. Dips in Verbindung mit Quark oder Joghurt passen hervorragend zu gegrilltem Fisch, Fleisch, aber auch zu gebratenem Gemüse.

Eine der Grundsoßen: Zitronen-Olivensoße

Eine der Grundsoßen der Mittelmeerküche ist die kalte Zitronen-Olivensoße. Hier wird einfach nur bestes Olivenöl mit Zitronensaft verquirlt und mit Salz und Pfeffer gewürzt. Diese Soße wird zu gebratenem Fleisch oder Fisch, Gemüse oder auch Salaten serviert. Darüber hinaus kann diese Soße mit vielen Kräutern geschmacklich variiert werden.

Liebe Leserinnen und Leser, wie Sie sehen, sind der Soßenvielfalt in der mediterranen Küche keine Grenzen gesetzt. Genießen Sie einfach die Soßen im folgenden Kapitel für Ihre persönliche Mittelmeerküche.

Tomatensoße auf meine Art

25 Min.

ZUTATEN

50 g	Staudensellerie in Würfeln
80 g	Karotten in Würfeln
1 kg	Tomaten in Würfeln mit Schale und Kernen
1	Schalotte in Würfeln
1	Knoblauchzehe, gepresst
2 EL	natives Olivenöl extra
1 EL	Balsamessig
50 g	Gemüsebrühe
	frisches Basilikum frischer Thymian
	Salz, Pfeffer aus der Mühle

ZUBEREITUNG

Olivenöl erhitzen, Schalottenwürfel und Knoblauch anschwitzen. Karotten, Staudensellerie, Tomatenwürfel und Gewürze zugeben.

Mit Essig und Gemüsebrühe ablöschen, 15-20 Min. kochen lassen.

Soße mit dem Pürierstab mixen und nochmals abschmecken.

Zum Schluss die frischen Kräuter dazugeben.

Geben Sie unter die Soße noch frisch geschnittene Tomatenwürfel.

Frische Paprikasoße

30 Min.

ZUBEREITUNG

Die Paprika in grobe Stücke schneiden. Das Olivenöl erhitzen, Schalotten, Fenchel und Staudensellerie darin anschwitzen, die Paprika dazu geben und ebenfalls andünsten.

Das Tomatenmark und den Knoblauch hinzugeben und mit der Gemüsebrühe auffüllen.
Würzen mit Salz, Pfeffer und Paprikapulver.

Nach 20 Min. Köcheln die Soße pürieren, Blattpetersilie und das klein geschnittene Basilikum hinzufügen.

ANRICHTEN

Die Soße passt zu Fleisch-, Fisch-, Geflügel- und Gemüsegerichten oder zu Reis- und Nudelgerichten.

ZUTATEN

200 g	rote Paprika
50 g	Schalottenwürfel
40 g	Fenchelwürfel
50 g	Staudenselleriewürfel
1	gepresste Knoblauchzehe
2 EL	Tomatenmark
400 ml	Gemüsebrühe
2 EL	natives Olivenöl extra
	Salz, Pfeffer Paprikapulver edelsüß
	frisches Basilikum Blattpetersilie

Tipp:

Die Soße lässt sich auch mit gelbem Paprika zubereiten.

Gemüse-Kressesoße

20 Min.

• *Eine Soße, die gleichzeitig eine Beilage ist.*

ZUTATEN

200 g	Gemüsewürfel (Karotten, Sellerie, Lauch, Zwiebeln)
100 g	kleine Kartoffelwürfel (roh)
50 g	Gartenkresse
200 ml	Gemüsebrühe
100 g	Sauerrahm 20 %
2 EL	natives Olivenöl extra
	Salz, Pfeffer aus der Mühle

Geben Sie zur Soße 2 EL Tomatenmark und 3 EL passierte Tomaten und servieren sie zu Nudel- oder Reisgerichten sowie zu römischen Nocken (S. 152).

ZUBEREITUNG

Gemüse- und Kartoffelwürfel im Olivenöl anbraten, mit der Gemüsebrühe auffüllen und ca. 5 Min. kochen lassen.
Den Sauerrahm zur Soße geben und bis zu einer cremigen Konsistenz einkochen lassen.

Zum Schluss mit Salz, Pfeffer abschmecken und die Gartenkresse zur Soße geben.

ANRICHTEN

Servieren Sie die Soße zu kurzgebratenen Fleisch-, Fisch- und Gemüsegerichten.

Kürbissoße

- *Schmeckt echt gut.*

40 Min.

ZUBEREITUNG

Olivenöl erhitzen, Zwiebelwürfel anschwitzen, Kartoffel- und Kürbiswürfel zugeben, mit Curry, Salz und Pfeffer würzen.

Mit der Gemüsebrühe auffüllen und ca. 30 Min. köcheln lassen, pürieren und nochmals abschmecken.

ZUTATEN

600 g	Kürbiswürfel
100 g	Kartoffelwürfel
100 g	Zwiebelwürfel
2 EL	natives Olivenöl extra
1 TL	Curry
	Salz, weißer Pfeffer
350 ml	Gemüsebrühe

Gemüsebolognese

20 Min.

• *Eine vielseitige Soße.*

ZUTATEN

150 g	rote Paprikawürfel
150 g	Karottenwürfel
150 g	Selleriewürfel
150 g	Zucchiniwürfel
150 g	Tomatenwürfel
50 g	passierte Tomaten
150 g	Zwiebelwürfel
2 EL	Tomatenmark
100 ml	Gemüsebrühe
	Salz, Pfeffer aus der Mühle Parmesan
2 EL	natives Olivenöl extra
	frische Kräuter der Saison

ZUBEREITUNG

Olivenöl erhitzen, die Gemüsewürfel in die Pfanne geben und anschwitzen, mit Salz und Pfeffer würzen.

Das Tomatenmark, die Tomatenwürfel und passierte Tomaten zugeben und mit Gemüsebrühe auffüllen.

10 Min. köcheln lassen, mit Salz, Pfeffer abschmecken und ca. 1 EL Parmesan unter die Bolognese rühren.

Zum Schluss die frischen Kräuter unterheben.

Karottensoße

• *Sie werden danach viel besser sehen.*

30 Min.

ZUBEREITUNG

Die Zwiebel- und Knoblauchwürfel in Olivenöl andünsten, die Kartoffeln und Karotten in Würfel schneiden, ebenfalls mit anschwitzen und mit der Gemüsebrühe auffüllen. Mit Salz, Pfeffer würzen und ca. 20 Min. kochen lassen.

Die Soße pürieren, den Sauerrahm unterziehen (nicht mehr kochen lassen), das kleingeschnittene Basilikum und die Blattpetersilie zugeben.

ANRICHTEN

Servieren Sie die Soße zu Geschnetzeltem von Schwein und Geflügel sowie zu Fisch und Gemüse.

ZUTATEN

150 g	geschälte Karotten
50 g	geschälte Kartoffeln
50 g	Zwiebelwürfel
1 St.	Knoblauchzehe in Würfel
2 EL	Sauerrahm 10 %
300 ml	Gemüsebrühe
2 EL	natives Olivenöl extra
	Salz, Pfeffer
	Blattpetersilie, Basilikum

• Die Soße lässt sich auch mit Zucchini, Sellerie, Rote Bete oder Fenchel zubereiten.

• Bereiten Sie von der Soße eine größere Menge zu und frieren sie ein.

Pesto auf meine Art

15 Min.

•Die Sparversion mit dem tollen Geschmack.

ZUTATEN

50 g	Basilikum
75 g	Blattpetersilie
25 g	Rucola
40 g	Sonnenblumenkerne
1/2	Knoblauchzehe
700 ml	natives Olivenöl extra
	Salz, Pfeffer aus der Mühle

ZUBEREITUNG

Die Kräuter und den Rucola grob schneiden und in ein Mixerglas geben.
Die Sonnenblumenkerne in einer Pfanne ohne Fett hellbraun rösten und mit dem Knoblauch ebenfalls in das Mixerglas geben.
Die Mischung mit Salz, Pfeffer würzen und mit dem Olivenöl zu einer dickflüssigen Masse aufmixen.

Wer möchte, kann noch geriebenen Parmesan unterrühren.

Tipp:

Verwenden Sie Pesto als kalte Soße zu Fisch oder Fleisch, für gebratenes, gegrilltes Gemüse oder als Soße zum Dippen für Gemüsesticks.

NOCH EIN TIPP:

Wenn Sie Ihr Pesto in Gläser abfüllen möchten, geben Sie kein Salz zu den Kräutern (es nimmt die Farbe beim Lagern). Sie können kurz vor der Verwendung das Salz zugeben, auch den Parmesan sollten Sie dann erst kurz vor dem Verzehr frisch unterheben.

Quark-Dip

10 Min.

ZUBEREITUNG

Quark mit der Milch und dem Olivenöl verrühren, mit Salz und Pfeffer abschmecken.

Die Kräuter klein schneiden, den Knoblauch und die Schalotten in kleine Würfel schneiden und alle Zutaten zum Quark geben.

Zum Schluss die Tomaten entkernen, mit der Schale in kleine Würfel schneiden und ebenfalls zum Quark geben.

ANRICHTEN

Den Quark-Dip in einer Schale anrichten und mit frischen Kräutern garnieren.

ZUTATEN

300 g	Speisequark 20 %
100 ml	Milch 1,5 %
50 g	Schalotten
200 g	Tomaten
1	Knoblauchzehe
1 EL	natives Olivenöl extra
	frischer Schnittlauch Basilikum, Kerbel Blattpetersilie
	Salz, Pfeffer aus der Mühle

Apfel-Meerrettich-Dipp

10 Min.

• *Penicillin vom Acker.*

ZUTATEN

200 g	Joghurt 1,5 %
100 g	Sauerrahm 10 %
2 EL	Meerrettich
1	Apfel (rot)
	Salz, Pfeffer aus der Mühle

ZUBEREITUNG

Joghurt, Sauerrahm und Meerrettich verrühren, mit Salz und Pfeffer abschmecken.

Zum Schluss den Apfel mit einer Reibe grob raspeln und unter die Masse heben.

Gurken-Dill-Dip

• *Sie werden danach viel besser sehen.*

10 Min.

ZUTATEN

200 g	körniger Frischkäse
100 g	Sauerrahm 10 %
1	Knoblauchzehe
200 g	frische Gurke
	frischer Dill, Salz Pfeffer aus der Mühle

ZUBEREITUNG

Frischkäse und Sauerrahm verrühren, den Knoblauch pressen und in die Masse geben.

Die Gurke schälen, entkernen, in feine Würfel schneiden und unter den Frischkäse rühren.

Mit Salz, Pfeffer und frischem Dill abschmecken.

Paprika-Dip

10 Min.

ZUTATEN

200 g	Frischkäse
100 g	Joghurt 1,5 %
100 g	rote Paprika
50 g	gelbe Paprika
1/2 TL	Paprikapulver
	Salz, Pfeffer aus der Mühle

Servieren Sie die Dips zu Gemüsestäbchen, Pellkartoffeln, gegrilltem Fleisch, Gemüse oder Fisch.

ZUBEREITUNG

Frischkäse und Joghurt verrühren, mit Salz, Pfeffer und Paprikapulver würzen.

Die Paprika in feine Würfel schneiden und mit dem Frischkäse verrühren.

Gemüse

Gemüse aus dem Mittelmeerraum

Gemüse aus dem Mittelmeerraum stecken voller Aromen und Farben, die nur darauf warten, von Ihnen in leckere Gerichte verwandelt zu werden.

Mediterrane Straßenmärkte bieten dem Auge einen prächtigen Anblick. Wer einmal über solch einen Markt geschlendert ist und die Aromen der verschiedenen Gemüsesorten und den Duft der frischen Kräuter genossen hat, wird unweigerlich zu einem Gemüsefan werden.

Optik allein zählt nicht

Mittelmeergemüse sind oft äußerlich nicht ganz makellos, doch überzeugen sie durch ein hocharomatisches Fruchtfleisch, das bei der Zubereitung seine vollen Inhaltsstoffe zur Geltung bringt. Übrigens, unser heimisches Gemüse eignet sich genauso hervorragend, die mediterrane Küche bei uns umzusetzen.

Achten Sie beim Gemüsekauf nicht nur auf die Optik der Gemüsesorten, sondern besonders auf das Aroma, den Reifegrad und die Qualität Ihrer Einkäufe. Rings ums Mittelmeer bilden Gemüse die Grundlage der meisten Alltagsgerichte. Das liegt zum einen daran, dass Fleisch sehr teuer ist, zum anderen aber auch an religiösen Fastengeboten.

Stoffe, die Ihre Gesundheit fördern

Das nachfolgende Kapitel soll Ihnen einige Anregungen geben, wie einfach es ist, beispielsweise ein Pfannengemüse zuzubereiten. Der Duft von gebratenem Gemüse, mit frischen Kräutern kombiniert, wird Sie süchtig danach werden lassen.

Darüber hinaus nehmen Sie eine Fülle von gesundheitsfördernden Vitaminen, sekundären Pflanzenstoffen und Ballaststoffen auf natürliche Weise zu sich.

Pfannengemüse mit frischen Kräutern

20 Min.

• *Sie werden süchtig danach werden.*

ZUTATEN

200 g	Zucchini
200 g	Karotten
200 g	Frühlingszwiebeln
200 g	Schalotten
200 g	Kohlrabi
100 g	Kürbis
50 g	Rucola
2 EL	natives Olivenöl extra
50 g	gerösteter Sesam
50 g	frisch geriebener Parmesan
	frische Blattpetersilie Basilikum, Thymian
	Salz, Pfeffer aus der Mühle

ZUBEREITUNG

Für diese Zubereitung benötigen Sie eine beschichtete Pfanne mit Deckel.
Das Gemüse waschen und in ca. 3 cm große Stücke schneiden.
Olivenöl in einer Pfanne erhitzen und das Gemüse darin anbraten, bis es eine hellbraune Farbe hat.
Bei geringer Hitze mit geschlossenem Deckel weitergaren ohne Flüssigkeit zuzugeben.

Mit Salz und Pfeffer würzen, zum Schluss die klein gezupften Kräuter und den Rucola beigeben.

ANRICHTEN

Das Gemüse auf einem Teller anrichten und mit geröstetem Sesam und dem Parmesan bestreuen.

Tipp:

• Das Gericht lässt sich auch aus anderen Gemüsesorten zubereiten, verwenden Sie immer Saisongemüse.
• Servieren Sie zum Gemüse kurz gebratenes Fleisch oder Fisch. Als Beilage empfehle ich frisches Vollkornbrot oder Oliven-Knoblauch-Kartoffeln (S. 147).

Zucchinigemüse mit Schafskäse

• *Ein pikantes Gemüse.*

20 Min.

ZUTATEN

600 g	Zucchini
100 g	Zwiebeln
100 g	Tomaten
100 g	Schafskäse
1	Knoblauchzehe
2 EL	geröstete Sonnenblumenkerne
2 EL	natives Olivenöl extra
	frischer Thymian
	Basilikum, Salz, Pfeffer

ZUBEREITUNG

Die Zucchini, Zwiebeln und Tomaten in ca. 2 cm große Stücke schneiden. Das Olivenöl in einer Pfanne erhitzen, die Zucchini und Zwiebeln darin anbraten, den Knoblauch pressen und zum Gemüse geben. Mit Salz und Pfeffer würzen. Wenn das Gemüse bissfest gegart ist, die Tomaten dazugeben und noch einmal abschmecken.

Zum Schluss den Schafskäse in grobe Würfel schneiden und mit den kleingeschnittenen Kräutern zum Gemüse geben.

ANRICHTEN

Das Gemüse auf einem Teller anrichten und mit den gerösteten Sonnenblumenkernen bestreuen.

Tipp:

Das Gericht lässt sich auch mit anderen Käsesorten wie Mozzarella, Ziegenkäse oder körnigem Frischkäse herstellen.

Ratatouille-Gemüse

30 Min.

• *Der Klassiker.*

ZUTATEN

800 g	Tomaten, in Würfel geschnitten
2 EL	natives Olivenöl extra
2	Zwiebeln, in feine Ringe geschnitten
2	rote Paprika, in Stücke geschnitten
1	gelbe Paprika, in Stücke geschnitten
1	Aubergine, in Stücke geschnitten
2	Zucchini, in Scheiben geschnitten
1	Knoblauchzehe, zerdrückt
1	Lorbeerblatt
1 TL	frischer Thymian
	Salz, Pfeffer aus der Mühle

Sollten die Tomaten zu wenig Aroma haben, geben Sie 2-3 EL Tomatenmark und eine Prise Zucker unter die Gemüsemischung.

ZUBEREITUNG

Olivenöl in einer Pfanne erhitzen, die Zwiebeln mit dem geschnittenen Gemüse darin anbraten.
Den Knoblauch, das Lorbeerblatt, die Tomaten zugeben und bei geringer Hitze noch ca. 15 Min. bissfest garen. Mit Salz, Pfeffer und dem frischen Thymian abschmecken.

ANRICHTEN

Das Ratatouille-Gemüse als Beilage zu Lammgerichten oder zu kurzgebratenem Fleisch reichen.

Mediterraner Gemüsetopf

50 Min.

ZUBEREITUNG

Zucchini und Aubergine in Scheiben schneiden, Paprika halbieren, entkernen und in Streifen schneiden.
Den Fenchel und die Zwiebel halbieren und ebenfalls in Streifen schneiden. Die Tomaten in Scheiben schneiden.

Das geschnittene Gemüse lagenweise in eine feuerfeste Form schichten, mit den Tomatenscheiben belegen und mit etwas Olivenöl beträufeln. Jede Schicht mit Salz, Pfeffer, Thymian und Parmesan würzen.

Die Gemüsebrühe aufkochen und die gepresste Knoblauchzehe zugeben. Das Gemüse mit der Brühe übergießen. Zum Schluss den restlichen Parmesan mit den Mandeln mischen und über den Auflauf verteilen.

In den Backofen schieben und ca. 40 Min. bei 180 °C überbacken.

ANRICHTEN

Das Gemüse portionsweise anrichten und mit einem kräftigen Olivenöl beträufeln.

ZUTATEN

150 g	Zucchini
150 g	rote Paprika
150 g	Auberginen
100 g	Fenchel
100 g	Zwiebeln
400 g	Tomaten
250 ml	Gemüsebrühe
1	Knoblauchzehe, gepresst
100 g	frisch geriebener Parmesan
2 EL	geriebene Mandeln
1 TL	frischer Thymian
	Salz, Pfeffer aus der Mühle
	natives Olivenöl extra zum Anbraten

- Servieren Sie zum Auflauf gebackene Polentaschnitten (S. 157).
- Geben Sie unter den Auflauf Streifen einer kräftigen Salami.

Gurken-Tomaten-Gemüse

20 Min.

• *Ein frisch-fruchtiges Gemüse.*

ZUTATEN

400 g	geschälte Salatgurken
200 g	Fleischtomaten
100 g	Zwiebeln
1	Knoblauchzehe
4 EL	Sauerrahm 10 %
2 EL	natives Olivenöl extra
	frischer Dill, Salz
	Pfeffer aus der Mühle

ZUBEREITUNG

Die Gurken halbieren und in 1 cm dicke Scheiben schneiden, die Fleischtomaten vierteln und entkernen. Die Zwiebeln in grobe Würfel schneiden und im Olivenöl andünsten.
Den Knoblauch und die Gurken zugeben, mit Salz, Pfeffer würzen und ca. 5 Min. dünsten.
Den Sauerrahm zum Gurkengemüse geben und nochmals erhitzen (nicht kochen lassen).

Zum Schluss die Fleischtomaten und den frischen Dill zum Gemüse geben und abschmecken.

ANRICHTEN

Servieren Sie das Gurkengemüse als Beilage zu Fisch.

Füllen Sie das Gurkengemüse in eine Auflaufform, mit Mozzarella belegen und im Ofen überbacken.

Geschmorter Fenchel

• *Der ist einfach lecker.*

45 Min.

ZUBEREITUNG

Den Fenchel putzen und vierteln. Die Karotten und Schalotten in Scheiben schneiden.
Das Olivenöl in einer feuerfesten Auflaufform verteilen, darauf die Schalotten, die Karotten, die Kräuter und den Knoblauch geben.
Den Fenchel darauf setzen, mit Weißwein angießen, das Gemüse salzen, pfeffern und das Tomatenpüree über den Fenchel gießen. Die Form mit Alufolie verschließen und etwa 30 Min. bei 180 °C garen.
Nach 30 Min. die Alufolie abnehmen, den Fenchel mit dem Parmesan bestreuen und ca. 5 Min. bei 200 °C überbacken.

ZUTATEN

2	große Fenchelknollen
100 g	Schalotten
100 g	Karotten
2 EL	natives Olivenöl extra
1	Zweig Thymian
1	Zweig Rosmarin
1	Knoblauchzehe, gewürfelt
50 ml	Weißwein
500 g	Tomatenpüree
50 g	frisch geriebener Parmesan
	Salz, Pfeffer aus der Mühle

ANRICHTEN

Das Gemüse auf einem Teller anrichten und mit der Tomatensoße begießen.
Servieren Sie dazu Oliven-Knoblauch-Kartoffeln (S. 147).

Das Gericht lässt sich sehr gut mit Lauch, Chicorée oder Staudensellerie zubereiten.

Fruchtiges Gemüse mit Nüssen und Käse vereint.

Getreide, Kartoffeln, Reis & Co.

Getreide, Kartoffeln, Reis und Hülsenfrüchte

Risotto & Co.

In den Mittelmeerländern gibt es zahlreiche wunderbare Rezepte für Getreideprodukte, Kartoffeln und Reis.
Der Maisgrieß, auch Polenta genannt, findet ebenso Verwendung wie unser heimischer Hartweizengrieß. Diese Grundnahrungsmittel finden in zahlreichen traditionellen Gerichten und Spezialitäten Verwendung.

Kartoffeln werden beispielsweise gerne mit der Schale gegart, kombiniert mit Tomaten und Zwiebeln oder die frische Variante mit Zitrone und Olivenöl.
Polenta kann auf verschiedenste Weise zubereitet werden, als Hauptgericht überbacken oder als kleiner Snack zum Abendessen.

Risotto und Reis kombiniert mit Fisch, Geflügel und Gemüse finden oft als Hauptgericht Verwendung. Nudeln in ihrer ganzen Vielfalt an Formen und Zutaten mit verschiedenen Soßen sind bei uns der Klassiker der mediterranen Küche. Hülsenfrüchte wie Linsen, Erbsen und Bohnen sind oft der Eiweißträger in der Mittelmeerküche, sie werden als Hauptgericht in Form von Eintöpfen oder als Beilagen zubereitet.

Für was immer auch Sie sich entscheiden, mit Gemüse und Fleisch kombiniert findet hier bestimmt jeder sein Lieblingsgericht.

Spanische Kartoffeln

30 Min.

• *Die machen auch optisch was her.*

ZUTATEN

800 g	neue Kartoffeln mit Schale
3 EL	natives Olivenöl extra
2	gepresste Knoblauchzehen
1	rote Paprika in Streifen
1	Frühlingszwiebel, in feine Streifen geschnitten
1/4 TL	Kümmel, gemahlen
1/2 TL	Paprika, gemahlen
	Salz, Pfeffer aus der Mühle

Die Kartoffeln eignen sich auch als Snack mit verschiedenen Soßen zum Dippen.

ZUBEREITUNG

Kartoffeln im Dampf bissfest garen. Etwas abkühlen lassen und halbieren.

Das Olivenöl erhitzen und die Kartoffeln in der Pfanne von allen Seiten goldbraun anbraten.

Die Paprika und die Frühlingszwiebel zugeben. Mit Kümmel, gemahlenem Paprika, Salz und Pfeffer würzen.

ANRICHTEN

Servieren Sie die Kartoffeln als Beilage zu Braten von Rind, Schwein oder Lamm.

Oliven-Knoblauch-Kartoffeln

20 Min.

ZUTATEN

400 g	gegarte Pellkartoffeln (kleine)
100 g	rote Paprika
100 g	Schalotten
2	Knoblauchzehen
100 g	schwarze Oliven
2 EL	natives Olivenöl extra
	Salz, Pfeffer aus der Mühle
	Paprikapulver Cayennepfeffer

ZUBEREITUNG

Die Kartoffeln schälen und halbieren, die Paprika in Streifen und die Schalotten in feine Würfel schneiden. Das Olivenöl erhitzen, die Kartoffeln darin goldbraun anbraten. Den geschnittenen Paprika und die Schalotten zu den Kartoffeln geben und kurz mit anbraten.
Die Oliven entkernen, in Streifen schneiden und mit dem Knoblauch zu den Kartoffeln geben.

Zum Schluss mit Salz, Pfeffer, Paprika und Cayennepfeffer würzen.

ANRICHTEN

Servieren Sie die Kartoffeln als Beilage zu Fleisch und Fisch oder als Hauptgericht mit verschiedenen Dips.

Geben Sie nach dem Braten geröstete Kürbiskerne über die Kartoffeln.

Rosmarin-Kartoffel-Pfanne mit geriebener Zitrone

25 Min.

• *Kartoffeln mit dem Frische-Kick.*

ZUTATEN

750 g	festkochende Kartoffeln
300 g	grüne Bohnen (blanchiert)
2	Frühlingszwiebeln
1	Knoblauchzehe
1	Rosmarin-Zweig
	Salz, Pfeffer aus der Mühle
	abgeriebene Schale einer unbehandelten Zitrone
	natives Olivenöl extra zum Braten

ZUBEREITUNG

Die Kartoffeln schälen, waschen, trocken tupfen und in grobe Würfel schneiden.
Olivenöl in einer beschichteten Pfanne erhitzen, die Kartoffeln bei kleiner Hitze ca. 15 Min. braten, mit Salz und Pfeffer würzen.

Die Bohnen zu den Kartoffeln geben, die Frühlingszwiebeln waschen, in Ringe schneiden und ebenfalls in die Pfanne geben.
Den Knoblauch schälen, würfeln und mit den abgezupften Nadeln des Rosmarinzweiges den Kartoffeln zugeben.

Zum Schluss mit der abgeriebenen Zitronenschale bestreuen.

Tipp:

Servieren Sie zu den Kartoffeln gebratenen Fisch oder gegrilltes Geflügel und reichen dazu einen Quark-Dip (S. 133).

Zartweizen (Grundrezept)

Zartweizen – ist ein neues Produkt, das es seit kurzem in gut sortierten Supermärkten zu kaufen gibt. Ich gebe zu, es ist kein Produkt aus Deutschland oder gar aus der Region und dennoch möchte ich es Ihnen empfehlen, denn es ist ein hochwertiges Lebensmittel mit vielen Kohlenhydraten und pflanzlichem Eiweiß. Die Zubereitung ist einfach und vielfältig. Sie können Zartweizen als Suppeneinlage, für Salate, Beilagen, Hauptgerichte sowie als Desserts zubereiten.

25 Min.

ZUTATEN

240 g	Zartweizen
600 ml	Gemüsebrühe
1	Schalotte in Würfeln
1 EL	Rapsöl oder Olivenöl

ZUBEREITUNG

Die Schalotten mit dem Öl anschwitzen, den Zartweizen dazu geben und etwas mit andünsten. Mit der Gemüsebrühe auffüllen und ca. 15-20 Min. bei milder Hitze garen. Wenn der Zartweizen gar ist, sollte die Gemüsebrühe aufgesogen sein.

So gegart können Sie den Zartweizen als Beilage verwenden oder als Hauptgericht mit anderen Zutaten. Die nächsten zwei Seiten zeigen Ihnen Rezepte dazu.

Verwenden Sie Zartweizen als Suppeneinlage zur Tomatensuppe (S. 120).

Zartweizen-Pfanne mit Geflügel und Schafskäse

30 Min.

ZUTATEN

200 g	Zartweizen nach Grundrezept zubereiten (S. 149)
2	Schalotten in Streifen
2	Knoblauchzehen in Scheiben
240 g	Hähnchen- oder Putenbrust, in Streifen geschnitten
2 EL	Oliven- oder Rapsöl
400 ml	Gemüsebrühe
1	Zucchini, in grobe Stifte geschnitten
2	Fleischtomaten, in Achtel geschnitten
50 g	gefüllte Oliven in Scheiben
100 g	Schafskäse, in Würfel geschnitten
1	kleiner Bund Rucola, grob geschnitten
	Salz, Pfeffer aus der Mühle gerösteter Sesam

ZUBEREITUNG

Das Öl erhitzen, Geflügelfleisch mit Salz und Pfeffer würzen und im Öl hellbraun von allen Seiten anbraten und warm stellen. Die Schalotten, den Knoblauch, die Zucchini und die Fleischtomaten in die Pfanne geben und kurz andünsten, würzen, mit der Gemüsebrühe auffüllen und ca. 5 Min. dünsten lassen. Den gegarten Zartweizen einstreuen, das Geflügelfleisch dazu geben und weitere 5 Min. erhitzen. Zum Schluss den Schafskäse, die Oliven und den Rucola zum Gericht geben und noch mal abschmecken.

ANRICHTEN

Geben Sie das Gericht auf einen Teller und bestreuen es mit geröstetem Sesam.

Tipp:

Das Gericht lässt sich auch mit anderem Fleisch oder Fisch zubereiten.

Forelle mit Zartweizen überbacken

20 Min.

ZUBEREITUNG

Die Forellenfilets würzen und von beiden Seiten im Öl anbraten (die Filets dürfen nicht durchgegart sein). Den Blattspinat grob schneiden und mit den Schalottenwürfeln und den Paprikawürfeln im Olivenöl andünsten, mit Salz, Pfeffer und Muskat abschmecken. Das Gemüse mit dem gegarten Zartweizen vermischen und auf die Forellenfilets verteilen. Die Fischfilets mit dem Mozzarella belegen und ca. 5-8 Min. im 220 °C heißen Backofen überbacken.

ANRICHTEN

Richten Sie die Forellenfilets auf einem Teller an und servieren Sie dazu Apfel-Meerrettich-Dip oder Gurken-Dill-Dip.

ZUTATEN

400 g	Forellenfilet
2 EL	Oliven- oder Rapsöl
200 g	Blattspinat, tiefgekühlt, aufgetaut
1 EL	natives Olivenöl extra
1	rote Paprika in Würfeln
1	Schalotte in Würfeln
100 g	Mozzarella in Scheiben
200 g	Zartweizen nach Grundrezept zubereiten (S. 149)
	Salz, Pfeffer, Muskat

Servieren Sie zu den Forellenfilets Oliven-Knoblauch-Kartoffeln (s. S. 147).

Römische Nocken (Grundrezept)

30 Min.

ZUTATEN

300 ml	Milch 1,5 %
100 g	Weizengrieß
1 EL	natives Olivenöl extra
40 g	frisch geriebener Parmesan
1	Ei
20 g	Schalottenwürfel
1	Knoblauchzehe
	Salz, Pfeffer, Muskat
	Reibekäse

ZUBEREITUNG

Den Knoblauch pressen, mit den Schalottenwürfeln im Olivenöl andünsten, mit der Milch aufgießen und zum Kochen bringen. Den Grieß in die Milch einrieseln lassen und so lange rühren, bis sich die Masse vom Topfboden löst. Den Topf vom Feuer nehmen, das Ei und den Parmesan unterrühren. Mit Salz, Pfeffer und Muskat würzen. Die Masse auf ein gefettetes Blech ca. 2 cm dick streichen und erkalten lassen. Nach dem Erkalten Halbmonde ausstechen, in eine feuerfeste Form setzen, mit dem Reibekäse bestreuen und im Ofen bei 200 °C zirka 15 Min. überbacken.

ANRICHTEN

Servieren Sie die Nocken zu Fleischgerichten mit Soße oder als Hauptgericht mit gebratenem Pfannengemüse.

Geben Sie unter die Grundmasse klein geschnittenes Gemüse, Kräuter oder Pilze.

Römische Nocken mit Mozzarella, Gemüse und Schinken

• *Etwas aufwändiger – aber ein schönes Gericht.*

40 Min.

ZUTATEN

100 g	Mozzarella in Scheiben
80 g	luftgetrockneter Schinken (z. B. Parma oder Serrano)
200 g	Gemüsewürfel (Lauch, Sellerie, Karotten)
80 g	Lauchzwiebeln
1 EL	natives Olivenöl extra
50 g	Walnusskerne
	Salz, Pfeffer aus der Mühle
	Römische Nocken Grundrezept (S. 152)

ZUBEREITUNG

Die Nocken in 5 x 5 cm große Stücke schneiden und dachziegelartig in eine Auflaufform setzen.
Die Lauchzwiebeln in 4 cm große Stücke schneiden und im Olivenöl andünsten, die Gemüsewürfel ebenfalls mit andünsten, würzen und gleichmäßig auf den Nocken verteilen.
Den Schinken in Streifen schneiden und auf dem Gemüse verteilen. Die Walnusskerne hacken und ebenfalls auf dem Gemüse verteilen.
Zum Schluss die Nocken mit dem Mozzarella belegen, mit Pfeffer aus der Mühle würzen und ca. 25 Min. bei 180 °C backen.

ANRICHTEN

Servieren Sie die Römischen Nocken in der Form und reichen dazu Paprikasoße (S. 127) und frische Blattsalate.

Überbacken Sie die Nocken mit Tomatenscheiben, Pesto und Parmesan.

Kartoffelgnocchi (Grundrezept)

50 Min.

ZUTATEN

500 g	passierte mehlige Kartoffeln (gedämpft)
200 g	Mehl
100 g	Parmesan
2	Eier

Überbacken Sie die Kartoffelgnocchi mit Paprikasoße (S. 127) und Reibekäse im Ofen.

ZUBEREITUNG

Alle Zutaten zu einem glatten Teig verarbeiten. Fingerdicke Rollen formen und in 1 cm große Stücke schneiden. Ca. 5 Min. in kochendem Salzwasser garen.

In kaltem Wasser abschrecken und je nach Rezept weiterverarbeiten.

ANRICHTEN

Kartoffelgnocchi warm auf einen Teller geben und mit Pesto (S. 132) und geriebenem Käse servieren.

Kartoffelgnocchi mit Schinken und Gemüse in Kräutersoße

30 Min.

• *Das mögen bestimmt alle Gäste.*

ZUBEREITUNG

Die Gnocchi im Olivenöl anbraten, die Lauchzwiebeln in ca. 4 cm lange Stücke schneiden und zu den Gnocchi geben.
Die Champignons, Kürbiswürfel und Schalotten ebenfalls zu den Gnocchi geben und mit anbraten. Würzen mit Salz, Pfeffer, den Sauerrahm mit dem Knoblauch zu den Gnocchi geben und etwas einkochen lassen, zum Schluss den gekochten Schinken dazugeben.

ANRICHTEN

Die Gnocchi auf einem Teller anrichten, mit den frischen Kräutern und dem Parmesan bestreuen.

ZUTATEN

400 g	Gnocchi nach Grundrezept (S. 154) (oder Fertigprodukt)
2 EL	natives Olivenöl extra
50 g	Schalotten in Scheiben
100 g	Kürbiswürfel
150 g	Lauchzwiebeln
100 g	Champignons, gewaschen und geviertelt
1	Knoblauchzehe, gepresst
100 g	Sauerrahm 10 %
100 g	gekochter Schinken
50 g	frisch geriebener Parmesan
	Salz, Pfeffer aus der Mühle
	frisches Basilikum Blattpetersilie

Sie können unter dieses Gericht auch Geschnetzeltes von Fleisch oder Fisch geben.

Gnocchi mit Tomatensoße, Zucchini, Paprika und Geflügel

20 Min.

ZUTATEN

400 g	Gnocchi nach Grundrezept (S. 154) (oder Fertigprodukt)
400 g	Zucchini in Scheiben
200 g	Paprika in Streifen
200 g	Putengeschnetzeltes
2 EL	natives Olivenöl extra
	Salz, Pfeffer aus der Mühle
300 g	Tomatensoße (siehe Grundrezept S. 126)
	frisches Basilikum

Probieren Sie dieses Gericht auch mit Kalbs- oder Rindergeschnetzeltem.

NOCH EIN TIPP: Sie können für dieses Gericht auch Seezungen- oder Forellenfilets verwenden.

ZUBEREITUNG

Putengeschnetzeltes mit Salz und Pfeffer würzen, in Olivenöl anbraten und warm stellen. Zucchini und Paprika ebenfalls in Olivenöl andünsten und warm stellen. Kartoffelgnocchi in Olivenöl anbraten, Gemüse und Putengeschnetzeltes dazugeben, mit der Tomatensoße auffüllen, aufkochen und nochmals abschmecken.

ANRICHTEN

Gnocchi auf dem Teller anrichten und mit frischem Basilikum bestreuen.

Polenta (Grundrezept)

• *Toll – gelingt auch ohne Ei.*

25 Min.

Polenta, also Maisgrieß, ist eines der Grundnahrungsmittel der mediterranen Küche. Sie wird zu Brei gekocht und entweder cremig serviert oder erstarrt und in Stücke geschnitten, gebraten und überbacken. Der Vorteil ist, Sie benötigen keine Eier für die Grundzubereitung. Sie ist also frei von Cholesterin.

ZUTATEN

1,25 l	Gemüsebrühe
350 g	Maisgrieß mittlere oder grobe Körnung
	Salz, Pfeffer aus der Mühle

Verwenden Sie für das nebenstehende Rezept 1,5 l Gemüsebrühe und servieren die Polenta als Brei zu verschiedenen Gerichten mit Soße.

ZUBEREITUNG

Die Gemüsebrühe aufkochen, den Maisgrieß unter ständigem Rühren einrieseln lassen. Solange weiterrühren, bis sich die Polenta vom Topfboden löst, gut würzen, ca. 2 cm dick auf ein Blech streichen und erkalten lassen.
Je nach Rezept weiterverarbeiten.

Gebackene Käsepolenta mit Pesto

25 Min.

ZUTATEN

500 g	Polenta nach Grundrezept (S. 157)
5 EL	natives Olivenöl extra
50 g	frisches Basilikum
50 g	frischer Oregano
50 g	frische Petersilie
30 g	Walnusskerne
1	Knoblauchzehe
50 g	Parmesan

ZUBEREITUNG

Polenta in 5 x 5 cm große Rechtecke schneiden und in eine gefettete Auflaufform dachziegelartig einschichten, mit Parmesan bestreuen.
Die Kräuter, den Knoblauch und die Walnusskerne mit dem Olivenöl fein pürieren. Die Kräutermasse auf die Polenta verteilen und bei 220 °C im Ofen ca.15 Min. backen.

ANRICHTEN

Servieren Sie die Polenta als Beilage oder als Hauptgericht mit einem frischen griechischen Bauernsalat (s. S. 101).

Überbacken Sie die Polenta mit gekochten Schinkenwürfeln und Gemüsebolognese (S. 130).

Reisküchlein mit Keimen

• *Geht ganz einfach.*

35 Min.

ZUTATEN

220 g	Reis
2 EL	natives Olivenöl extra
50 g	Zwiebeln
400 ml	Gemüsebrühe
3	Eier
200 g	Reibekäse 30 %
30 g	Semmelbrösel
4 EL	geschnittene Blattpetersilie
50 g	Keime (z. B. Rettich, Linsen oder Radieschen)
	Salz, Pfeffer, Muskat
	natives Olivenöl extra zum Braten

ZUBEREITUNG

Die Zwiebeln im Olivenöl andünsten, den Reis waschen und ebenfalls andünsten, mit der Gemüsebrühe auffüllen, aufkochen und den Reis ca. 20 Min. quellen lassen.
Der Reis ist gar, wenn er die ganze Flüssigkeit aufgenommen hat.

Für die Küchlein Eier, Käse, Semmelbrösel, Keime und Blattpetersilie zum Reis geben und alles gut durchmischen.
Mit Salz, Pfeffer und Muskat würzen, kleine Küchlein formen und im Olivenöl goldbraun backen.

ANRICHTEN

Die Küchlein auf einem Teller anrichten, servieren Sie dazu eine Paprikasoße (S. 127) oder Kressesoße (S. 128).

Tipp:

Geben Sie unter die Masse gebratene Pilze oder kleine Schinkenwürfel.

Risotto mit Fenchel und Gorgonzola

25 Min.

• *Der ist echt lecker.*

ZUTATEN

400 g	Risottoreis
400 g	Fenchelknolle mit Grün
2 EL	natives Olivenöl extra
50 g	Schalottenwürfel
150 ml	Weißwein
0,8-1 l	Gemüsebrühe
150 g	Gorgonzola
	Salz, weißer Pfeffer aus der Mühle

Der Risotto lässt sich auch mit anderem Gemüse zubereiten. Servieren Sie den Risotto als Hauptgericht oder als Beilage zu Fleischgerichten.

ZUBEREITUNG

Den Fenchel putzen, halbieren und in Streifen schneiden, das Fenchelgrün klein schneiden und zur Seite stellen. Schalottenwürfel und Fenchelstreifen im Olivenöl andünsten, den Reis zugeben und ebenfalls andünsten. Mit dem Weißwein ablöschen und mit etwas Gemüsebrühe auffüllen. Brühe nach und nach zugeben, bis der Reis bissfest gegart ist. Mit Salz und Pfeffer würzen. Zum Schluss den Gorgonzola in grobe Würfel schneiden und unter den Risotto rühren.

ANRICHTEN

Den Risotto auf einen Teller geben und mit dem Fenchelgrün bestreuen.

Brattomaten "Provence" mit rotem Linsenreis

40 Min.

ZUBEREITUNG

Die Tomaten halbieren und etwas aushöhlen. Die Zwiebel und den Knoblauch in feine Würfel schneiden, die Kräuter ebenfalls klein schneiden und mit dem Reibekäse, den Semmelbröseln, Zwiebeln und dem Knoblauch mischen. Würzen mit Salz und Pfeffer, die Tomaten mit der Masse füllen, in eine gefettete Form stellen und ca. 15 Min. bei 200 °C im Ofen backen.
Für den Reis die Zwiebeln in Olivenöl andünsten, den Reis und die Linsen zugeben, mit Weißwein ablöschen und mit der Gemüsebrühe auffüllen. Den Reis ca. 20 Min. quellen lassen.

ANRICHTEN

Den Linsenreis auf einem Teller anrichten und die Brattomaten daraufsetzen.

ZUTATEN

4	Fleischtomaten à 200 g
100 g	Zwiebeln
50 g	Petersilie
10 Blatt	Basilikum
2	Knoblauchzehen
250 g	Reibekäse
80 g	Semmelbrösel
2 EL	natives Olivenöl extra
	Salz, Pfeffer aus der Mühle

Reis:

50 g	Zwiebelwürfel
1 EL	natives Olivenöl extra
200 g	Reis
100 g	rote Linsen
400 ml	Gemüsebrühe
100 ml	Weißwein

Servieren Sie zu dem Gericht frisch geriebenen Parmesan.

Pilaw (Quellreis)

⏱ 25 Min.

• *So kochen gute Köche Reis.*

ZUTATEN

1 EL	natives Olivenöl extra
300 g	Langkornreis
600 ml	Gemüsebrühe
100 g	Zwiebelwürfel

Pilaw – die griechische Methode Reis zu garen. Der Vorteil dieser Zubereitung: Alle Inhaltsstoffe des Reiskorns bleiben erhalten. So entsteht eine vollaromatische Reisbeilage.

Probieren Sie Pilaw mit Pilzen oder Gemüse als Hauptgericht.

ZUBEREITUNG

Zwiebeln in Olivenöl anschwitzen, Reis zugeben, unter Rühren glasig dünsten, mit der Gemüsebrühe auffüllen und ca. 20 Min. quellen lassen.

Risotto (Grundrezept)

• *Ein saftig cremiger Reis.*

Risotto, saftig, sämig, unübertroffen. Wie ein Risotto richtig gekocht wird, ist eine Frage von großer Bedeutung. Jeder hat seine eigene Philosophie. Der eine liebt ihn saftiger, der andere trockener. Entscheidend für die Zubereitung ist jedoch, der Risottoreis darf vor dem Garen nicht gewaschen werden, damit sich die Stärke nicht vorher von den Körnern ablöst. Diese Stärke ist nämlich für die cremige Konsistenz des Risottos verantwortlich.

20 Min.

ZUTATEN

1 EL	natives Olivenöl extra
60 g	Zwiebelwürfel
400 g	Rundkornreis (Arborio oder Vialone)
1-1,2 l	Gemüsebrühe
150 ml	Weißwein
	Salz, weißer Pfeffer
	Parmesan

ZUBEREITUNG

Zwiebeln in Olivenöl anschwitzen, Reis zugeben und glasig dünsten, mit Weißwein ablöschen.

Brühe nach und nach, wie der Reis die Flüssigkeit aufnimmt, zugeben. Den Risotto ca. 15 Min. bei schwacher Hitze weitergaren.

Zum Schluss würzen und den Parmesan unterheben.

Probieren Sie Risotto mit Meeresfrüchten, Kürbiswürfeln oder frischen Steinpilzen.

Fränkischer Rotweinrisotto mit Karpfenfilet

30 Min.

• *Mediterrane Küche aus Franken.*

ZUTATEN

2 EL	natives Olivenöl extra
50 g	rote Zwiebelwürfel
150 g	rote Paprika
300 g	Risottoreis
200 ml	Fränkischer Rotwein (zur Not geht auch anderer Rotwein)
800 ml	Gemüsebrühe
600 g	Karpfenfilet ohne Gräten
	Salz, weißer Pfeffer Mehl, Grieß
	Basilikum

ZUBEREITUNG

Die roten Zwiebelwürfel in Olivenöl anschwitzen, Reis zugeben und glasig dünsten, mit Rotwein ablöschen. Brühe nach und nach, wie der Reis die Flüssigkeit aufnimmt, zugeben.
Den Risotto ca. 15 Min. bei schwacher Hitze weitergaren. Zum Schluss würzen und den Parmesan unterheben.

Karpfenfilet in vier gleiche Teile portionieren, mit Salz und Pfeffer würzen. Mehl und Grieß zu gleichen Teilen mischen und das Karpfenfilet darin wenden.

Die Paprika waschen und grobe Stücke schneiden. Das Karpfenfilet im Olivenöl bei mäßiger Temperatur von beiden Seiten anbraten, den Paprika zugeben und zusammen fertig garen.

ANRICHTEN

Risotto auf den Teller geben, den gebratenen Paprika und das Karpfenfilet darauf legen.

Zum Schluss mit frischem Basilikum bestreuen.

Dieses Gericht lässt sich auch mit anderen Fischarten zubereiten.

Wirsingrisotto

• *Eine herzhafte Variante.*

20 Min.

ZUBEREITUNG

Zwiebelwürfel und Speckwürfel in Olivenöl andünsten, Reis zugeben und glasig schwitzen.
Weitere Zubereitung wie im Grundrezept (S. 163), nach 10 Min. Wirsingstreifen dazugeben und mitgaren.

Zum Schluss mit Salz und Pfeffer abschmecken, die Salamistreifen und den Parmesan unter den Risotto heben.

ANRICHTEN

Risotto auf einen Teller anrichten und eventuell mit frischem Thymian bestreuen.

ZUTATEN

300 g	Wirsingstreifen
50 g	Zwiebelwürfel
30 g	Räucherspeck
1 EL	natives Olivenöl extra
400 g	Rundkornreis
125 ml	Weißwein
1,2 l	Gemüsebrühe
	Salz, Pfeffer
100 g	Lammsalami in Streifen (oder andere Salami)
30 g	Parmesan

Probieren Sie dieses Rezept mit in Streifen geschnittenem Radicchio.

Kürbisrisotto mit gebratenem Forellenfilet

30 Min.

• *Kürbis einmal anders.*

ZUTATEN

400 g	Kürbis in Würfeln 1 x 1 cm
100 g	Zwiebelwürfel
2 EL	natives Olivenöl extra
100 ml	Weißwein
300 g	Risottoreis
800 ml	Gemüsebrühe
80 g	frisch geriebener Parmesan
	Salz, weißer Pfeffer Kurkuma oder Safran
600 g	Forellenfilet
2 EL	natives Olivenöl extra
	Salz, Pfeffer frische Petersilie

ZUBEREITUNG

Die Kürbiswürfel mit den Zwiebelwürfeln im Olivenöl glasig dünsten, den Reis zugeben und ebenfalls glasig dünsten. Mit dem Weißwein ablöschen und etwas Gemüsebrühe auffüllen.

Den Risotto mit Salz, Pfeffer und Safran würzen, Brühe nach und nach zugeben, bis der Reis bissfest gegart ist.

Zum Schluss den geriebenen Parmesan unter den Risotto rühren.

Das Forellenfilet in ca. 2 cm breite Streifen schneiden, mit Salz und Pfeffer würzen und im Olivenöl von allen Seiten anbraten.

ANRICHTEN

Den Risotto auf einem Teller anrichten, das gebratene Forellenfilet daraufgeben und mit der Petersilie bestreuen, wenn gewünscht noch mal mit geriebenem Parmesan bestreuen.

Das Gericht lässt sich auch gut mit Lachs oder Lachsforelle zubereiten.

Fisch

Fisch, eine tragende Rolle in der Mittelmeerküche

Fischgerichte spielen in der Mittelmeerküche eine tragende Rolle als Eiweißlieferant. Wer einmal einen großen Fischmarkt besucht hat, staunt über die Vielfalt der angebotenen Fischarten. Die Bevölkerung, die ja zum großen Teil selbst aus Fischern besteht, kennt natürlich eine Vielzahl von leckeren Fischrezepten.

Das Hauptmerkmal der Fischzubereitung in der mediterranen Küche ist die Kombination von Fisch mit verschiedenen Gemüsearten und Kräutern. Es handelt sich hierbei um eine weise Taktik, die uns Menschen harmonische Geschmackserlebnisse beschert und uns Gesundheit bietet.

Heimische Süßwasserfische

Die köstlichen Fische des Mittelmeers, aber auch unsere heimischen Süßwasserfische werden meist nur mit Olivenöl eingepinselt, mit Kräutern gefüllt und dann gebraten oder gegrillt. Oft bilden Fische auch die Grundlage für wundervolle Suppen und Eintöpfe. Gerne werden auch Früchte mit gebratenem Fisch und Kräutern zu einem Gericht voller Aroma vereint.

Krusten und Auflagen machen aus einfachen Fischgerichten eine Sensation. Fische, die in einer Soße oder in Verbindung mit Gemüse gegart werden, bescheren Ihnen so ein besonderes Geschmackserlebnis.

Es muss jedoch nicht immer Wolfsbarsch, Hummer und Languste sein, um die mediterrane Küche zu genießen. Seelachs, Kabeljau, Forelle oder auch der Karpfen finden in meiner mediterranen Küche ebenso Verwendung.

Auf die Kombination kommt es an

Es kommt nur auf die Zubereitung an und das geschickte Kombinieren von Gewürzen und Kräutern, damit Sie die mediterrane Küche auch bei uns genießen können. Im folgenden Kapitel finden Sie sicherlich auch Ihr Lieblingsrezept.

Saiblingsfilet mit Basilikum, Orangen und Zitronen

20 Min.

• *Edler Fisch mit dem Frische-Kick.*

ZUTATEN

800 g	Saiblingsfilet
4 EL	natives Olivenöl extra
10	schwarze Pfefferkörner, zerdrückt
2	Orangen (eine in Scheiben geschnitten, eine ausgepresst)
2	Zitronen
4 EL	Mehl
2 EL	natives Olivenöl extra
4 EL	frisches Basilikum, geschnitten
	Salz, Pfeffer aus der Mühle

Sie können das Gericht auch mit Seehecht, Seelachs oder Kabeljau zubereiten.

ZUBEREITUNG

Die Fischfilets nebeneinander in eine Form legen, mit Olivenöl begießen und mit den Pfefferkörnern bestreuen. Die Fischfilets mit den Orangenscheiben belegen und mindestens vier Stunden im Kühlschrank marinieren.

Eine Zitrone halbieren und auspressen, eine Zitrone schälen und in Scheiben schneiden.

Den Fisch aus der Marinade nehmen und mit Küchenpapier trockentupfen. Die Marinade beiseitestellen. Mit Salz würzen und kurz in Mehl wenden. In einer Pfanne 3 EL der Marinade erhitzen, den Fisch darin von jeder Seite 2 Min. braten und warm stellen. Die Marinade aus der Pfanne wegschütten.

Das restliche Olivenöl erhitzen, den Orangensaft und den Zitronensaft angießen, abschmecken, etwas einkochen und das geschnittene Basilikum unterziehen.

ANRICHTEN

Die Soße über den Fisch gießen und mit den Orangen- und Zitronenscheiben garnieren.

Kabeljau mit Plaki

• *Original griechisches Rezept.*

45 Min.

ZUBEREITUNG

Für die Soße Olivenöl in einer Pfanne erhitzen und die Zwiebeln darin goldgelb anbraten. Tomaten, Knoblauch, Zucker, Dill, Minze, Selleriegrün und Petersilie zugeben und 300 ml Wasser angießen. Abschmecken und ca. 25 Min. ohne Deckel köcheln lassen, bis die Flüssigkeit auf ein Drittel reduziert ist.

Die Fischfilets in der Pfanne mit den Zwiebeln und den Tomaten ca. 10-12 Min. auf kleiner Flamme garen.

Die Pfanne vom Feuer nehmen und den Zitronensaft zugeben.

ANRICHTEN

Den Fisch auf einer Platte anrichten und mit der Soße begießen, zum Schluss mit frischen Kräutern garnieren.

ZUTATEN

Plaki:

300 ml	natives Olivenöl extra
2	Zwiebeln, in feine Ringe geschnitten
3	große aromatische Fleischtomaten, grob geschnitten
3	Knoblauchzehen, in feine Scheiben geschnitten
1 TL	Zucker
1 TL	frischer Dill, geschnitten
1 TL	frische Minze, geschnitten
1 TL	frisches Selleriegrün, geschnitten
1 EL	frische Blattpetersilie, geschnitten

Fisch:

4	Kabeljaufilets à 180 g
	Saft von 1 Zitrone
	Salz, Pfeffer aus der Mühle

Tipp:

• Sie können natürlich auch andere Fischsorten für das Gericht verwenden.

• Servieren Sie zum Fisch kretische Kartoffeln (S. 221).

Fischfilet mit Fenchel-Olivenkruste auf Tomatenkompott

50 Min.

ZUTATEN

Tomatenkompott:

750 g	Tomaten
50 g	Schalotten, in feine Würfel geschnitten
1	Knoblauchzehe
4 EL	Balsamessig
1 EL	natives Olivenöl extra
	Salz, schwarzer Pfeffer aus der Mühle

Fisch:

750 g	Fischfilet (z. B. Seelachs, Kabeljau, Seehecht)
1	Brötchen
1/2	Fenchelknolle
15	grüne Oliven ohne Kern
2 EL	natives Olivenöl extra
1 EL	geschnittener Estragon
100 ml	Weißwein
	Salz, Pfeffer aus der Mühle

Für die Kruste können Sie auch Lauch- oder rote Zwiebelwürfel verwenden.

• *Das schmeckt auch lecker.*

ZUBEREITUNG

Für das Tomatenkompott die Tomaten waschen, den Strunk entfernen und in ca. 2 x 2 cm große Würfel schneiden. Den Knoblauch schälen und fein würfeln.

In einem Topf das Olivenöl erhitzen, die Schalottenwürfel mit dem Knoblauch andünsten, die Tomatenwürfel dazugeben und ca. 20 Min. zugedeckt einkochen lassen. Mit Salz, Pfeffer und dem Essig würzen.

Die Fischfilets waschen, trockentupfen und in Portionsstücke schneiden. Das Brötchen in kleine Würfel schneiden. Die Fenchelknolle waschen, den Strunk entfernen und ebenfalls in feine Würfel schneiden. Die Oliven würfeln. Olivenöl in einer Pfanne erhitzen, den Fenchel anschwitzen, das geschnittene Brötchen, die Oliven und den Estragon zugeben und gut durchrühren.
Fischfilets in eine flache, gefettete Auflaufform geben, mit Salz und Pfeffer würzen. Die Fenchel-Olivenmasse auf die Fischfilets streichen, den Weißwein angießen und im Backofen bei 180 °C ca. 20 Min. backen.

ANRICHTEN

Die Fischfilets auf dem Tomatenkompott anrichten.

Seelachs-Tomaten-Ragout

25 Min.

ZUBEREITUNG

Den Seelachs in ca. 3 x 3 cm große Würfel schneiden, würzen und mit einem Teil des Olivenöls anbraten, beiseitestellen. Zwiebeln in Olivenöl andünsten, die Tomatenwürfel und die Lorbeerblätter dazugeben, alles ca. 10 Min. weich dünsten.

Die Zucchiniwürfel dazugeben und noch einmal 5 Min. garen lassen.
Zum Schluss Seelachswürfel dazugeben und mit frischem Salbei, Salz und Pfeffer abschmecken.

ANRICHTEN

Seelachs-Tomaten-Ragout auf einem Teller anrichten. Als Beilage servieren Sie dazu Pilawreis oder gebratene Kartoffeln.

ZUTATEN

400 g	Seelachsfilet
800 g	Tomaten in Würfel
200 g	Zwiebelwürfel
200 g	Zucchiniwürfel ca. 3 x 3 cm
2	Lorbeerblätter
4 EL	natives Olivenöl extra
	frischer Salbei
	Salz, Pfeffer aus der Mühle

Das Gericht lässt sich auch gut mit Forelle, Hecht oder Zander zubereiten.

Gebratenes Barschfilet mit Kirschtomaten, Pinienkernen und Kräutern

40 Min.

ZUTATEN

800 g	Barschfilet
600 g	Kirschtomaten
50 ml	natives Olivenöl extra
100 ml	trockener Weißwein
100 g	Pinienkerne
10 g	Fenchelsamen
	Blattpetersilie, Dill Salz, Pfeffer
1	große feuerfeste Auflaufform

- *Ein in der Zubereitung einfaches Gericht, aber im Geschmack traumhaft.*

Die Mittelmeerküche vereint gerne Fisch, Tomaten und Kräuter. Dieses Gericht ist ein gutes Beispiel dafür, wie einfach und ungekünstelt gute Küche sein kann. Entscheidend dafür ist nur frischer Fisch, reife Tomaten, aromatische Kräuter und bestes Olivenöl.

ZUBEREITUNG

Die Barschfilets in ca. 100 g schwere Portionen schneiden. Das Olivenöl mit dem Weißwein verrühren und mit Salz und Pfeffer würzen.
Mit der Hälfte der Marinade den Boden der Auflaufform bestreichen. Die portionierten Fischfilets auf die Marinade legen und den Rest der Marinade über den Barschfilets verteilen. Anschließend den Fisch ca. 20 Min. ziehen lassen.

In der Zwischenzeit die Kirschtomaten waschen, den Dill und die Blattpetersilie klein schneiden (nicht hacken). Die Pinienkerne in einer beschichteten Pfanne goldbraun anrösten und zum Schluss den Fenchelsamen zu den Pinienkernen geben.

Den Backofen auf 200 °C vorheizen und die Barschfilets für ca. 10 Min. im Ofen garen lassen. Nach dieser Zeit die Kirschtomaten auf dem Fisch verteilen und weitere 5 Min. im Backofen garen lassen.

Zum Schluss die geschnittenen Kräuter und die Pinienkerne mit dem Fenchelsamen auf den Barschfilets verteilen.

- Servieren Sie zu diesem Gericht kretische Kartoffeln (Rezept S. 221).
- Geben Sie zum Schluss noch etwas Pesto über den Fisch.

Karpfenfilet auf Lauch-Kartoffelgemüse mit Tomaten und Parmesan

40 Min.

ZUTATEN

500 g	Karpfenfilet
200 g	Lauch
200 g	rohe Kartoffelwürfel 2 x 2 cm
100 g	Zwiebelscheiben
4 EL	natives Olivenöl extra
5 EL	Sauerrahm 10 %
200 g	Fleischtomaten
50 g	frisch geriebener Parmesan
	Salz, Pfeffer frischer Oregano etwas Mehl

ZUBEREITUNG

Den Lauch halbieren, waschen und in 4 cm große Stücke schneiden.
Die Kartoffeln mit den Zwiebeln in einer beschichteten Pfanne in 2 EL Olivenöl anbraten, den geputzten Lauch und den Sauerrahm zugeben und kurz mitdünsten.
Mit Salz und Pfeffer würzen und das Gemüse in eine feuerfeste Form geben. Die Karpfenfilets würzen, in Mehl wenden und im restlichen Olivenöl anbraten.

Den Fisch auf das Gemüse legen. Die Tomaten in Scheiben schneiden und auf das Karpfenfilet legen, mit dem Oregano und dem Parmesan bestreuen.

Die Form in den 180 °C heißen Ofen stellen und ca. 30 Min. backen.

ANRICHTEN

Die Karpfenfilets mit dem Gemüse auf einen Teller geben und mit dem Fond, der sich in der Form gebildet hat, übergießen.

Das Gericht lässt sich auch mit anderen Filetfischen zubereiten.

Seelachsfilet mit Sesamkruste, mediterranem Gemüse und Basilikumnudeln

35 Min.

ZUTATEN

Fisch:

360 g	Seelachsfilet
	natives Olivenöl extra Thymian, Salz, Pfeffer

Kruste:

40 g	Sesam
40 g	Semmelbrösel
20 g	Parmesan
10 g	Pesto (wie Grundrezept S. 132)

Gemüse:

200 g	Zwiebelringe
400 g	Zucchini in Scheiben
160 g	Tomatenwürfel
40 g	Rucola
160 ml	Gemüsebrühe
	natives Olivenöl extra, Salz, Pfeffer, Oregano

Nudeln:

200 g	Bandnudeln, roh
	Salz, Basilikum, natives Olivenöl extra

Servieren Sie als Soße zum Fisch Apfel-Meerrettich-Dip (S. 134) oder Gurken-Dill-Dip (S. 135).

ZUBEREITUNG

Seelachsfilet portionieren, mit Salz, Pfeffer und etwas Thymian würzen, von beiden Seiten in Olivenöl bei geringer Hitze anbraten.

Sesam, Semmelbrösel, Parmesan und Pesto vermengen und auf das Fischfilet streichen.
Den Fisch 8 Min. bei 180 °C Heißluft garen.

Für das Gemüse die Zwiebelringe in Olivenöl goldbraun anbraten, die Zucchini dazugeben, ebenfalls etwas anbraten und die Tomatenwürfel zugeben. Das Gemüse mit der Brühe auffüllen und bissfest garen.

Zum Schluss den Rucola grob schneiden und unter das Gemüse mischen.
Die Bandnudeln im Salzwasser bissfest garen, mit Olivenöl und geschnittenem Basilikum vermischen und auf einem Teller anrichten, das Gemüse ebenfalls anrichten und den Seelachs auf das Gemüse setzen.

Ein kretischer Fischer kehrt mit seinem Fang zurück.

Mediterrane Küche – Knuspriges Geflügel, Gemüse und Kräuter.

Geflügel

Geflügelgerichte sind seit jeher für die Mittelmeerküche von besonderer Bedeutung. Das liegt vor allem daran, dass die kargen, oft bergigen Landschaften dem Vieh nur magere Weideplätze bieten.

Geflügel ist im Mittelmeerraum beliebt

Hühner und Enten sind auch für die arme Bevölkerung des Mittelmeerraums erschwinglich, oft werden sie von den Haushalten selbst aufgezogen. Das beliebteste Geflügel sind zweifellos Hähnchen, die in vielfältiger Zubereitungsart auf dem Speiseplan stehen.

Die Zubereitungsarten sind oft ähnlich. Im Osten wie im Westen ist man sich einig, dass Hähnchen am besten mit dem säuerlichen Aroma frischer, getrockneter oder eingemachter Früchte harmoniert und sich gut mit Nüssen und kräftigen Gewürzen verträgt.

Hähnchen liegt auf Platz 1

Wie bei fast allen Gerichten in der mediterranen Küche wird auch beim Geflügel gerne Gemüse mit Fleisch kombiniert. Oft wird das verwendete Gemüse zusammen mit dem Geflügel in einem Geschirr gegart. Ein gutes Beispiel dafür ist das Kräuterhähnchen auf mediterranem Gemüse im folgenden Kapitel. Bei diesem Gericht kommen die Aromen von Kräutern, Fleisch und Gemüse besonders gut zur Geltung, weil alle Zutaten in einer Form im Ofen gebacken werden.

Einfach und aromatisch

Liebe Leserinnen und Leser, ganz egal für welches Gericht Sie sich im nächsten Kapitel entscheiden, es wird bestimmt Ihren Speiseplan der mediterranen Küche bereichern.

Hähnchenkeule mit Zitronensoße

40 Min.

ZUTATEN

4	Hähnchenkeulen
2	Knoblauchzehen
1	Zitrone, geschält in Scheiben
2 EL	natives Olivenöl extra
100 g	Karottenwürfel
100 g	Zwiebelwürfel
100 g	Kartoffelwürfel
200 ml	Gemüsebrühe
	Salz, Pfeffer aus der Mühle frische Petersilie

Servieren Sie dazu neue, gebratene Kartoffeln oder Risotto.

ZUBEREITUNG

Hähnchenkeule mit Salz und Pfeffer würzen und in Olivenöl von beiden Seiten anbraten, beiseitestellen. Karotten- und Zwiebelwürfel sowie den Knoblauch in die Pfanne geben und ebenfalls anbraten. Kartoffelwürfel und Zitronenscheiben dazugeben und mit Gemüsebrühe auffüllen. Die Hähnchenkeulen in den Fond geben und weich schmoren.

Wenn das Fleisch weich ist, herausnehmen und warm stellen.

Die Zitronenscheiben aus der Soße nehmen, die Soße mit dem Gemüse mixen, noch mal aufkochen und abschmecken.

ANRICHTEN

Hähnchenkeule auf den Teller legen, mit der Soße übergießen und mit frischer Petersilie bestreuen.

Putenschnitzel mit Olivensoße

30 Min.

ZUBEREITUNG

Die Putenschnitzel mit Salz und Pfeffer würzen, in Mehl wenden und im Olivenöl von beiden Seiten anbraten und warm stellen.
In das Bratfett den Knoblauch, die Zwiebeln und die gewürfelten Tomaten geben, alles kurz andünsten und mit Salz und Pfeffer abschmecken.
Die Schnitzel mit den Oliven in die Soße geben und ca. 10 Min. gar ziehen lassen.

ANRICHTEN

Die Schnitzel auf einem Teller anrichten, das Basilikum klein schneiden, unter die Soße geben und die Schnitzel damit überziehen.

ZUTATEN

4	Putenschnitzel à 120 g
4 EL	Mehl
2 EL	natives Olivenöl extra
	Salz, Pfeffer aus der Mühle
100 g	Zwiebeln in groben Würfeln
150 g	grüne Oliven in Scheiben
200 g	Tomaten, gewürfelt
2	Knoblauchzehen, gepresst
5 Blatt	frisches Basilikum

Sie können auch andere Fleischarten für dieses Gericht verwenden.

Kräuterhähnchen auf mediterranem Gemüse mit neuen Kartoffeln

100 Min.

ZUTATEN

200 g	Karotten, geschält
200 g	Lauch, gewaschen
200 g	Schalotten, geschält
200 g	Paprika, halbiert
200 g	Zucchini, gewaschen
400 g	kleine Kartoffeln
500 ml	Gemüsebrühe
100 g	Pesto
	Rosmarin, Blattpetersilie
	Thymian
30 g	natives Olivenöl extra
4	Hähnchenkeulen
20 g	Kräuter: Basilikum, Blattpetersilie, Salbei, Thymian
	Salz, Pfeffer, Paprika

Sie können auch Putenbrust und Äpfel in Würfel schneiden, auf einen Holzspieß geben, würzen, anbraten und auf das Gemüse legen.

- Ein tolles Gericht für Gäste.

ZUBEREITUNG

Das Olivenöl auf ein tiefes Backblech geben und die Kräuter darauf legen. Das Gemüse in ca. 4 x 4 cm große Stücke schneiden und mit den Kartoffeln auf die Kräuter legen. Mit Salz, Pfeffer und dem Pesto würzen, die Gemüsebrühe angießen und für ca. 45 Min. bei 200 °C in den Backofen geben. Für das Kräuterhähnchen die Haut der Hähnchenkeule etwas lösen und die klein geschnittenen Kräuter unter die Haut schieben. Mit Salz, Pfeffer und Paprika würzen.

Nachdem das Gemüse 45 Min. im Ofen gegart hat, die Hähnchenkeulen darauflegen und weitere 35-40 Min. bei 220 °C ins Rohr geben (die Hähnchenkeulen müssen ganz durchgegart werden).

Zum Schluss das Gemüse und die Kartoffeln auf einen Teller geben, die Hähnchenkeulen darauf anrichten und mit dem Fleisch-Gemüsefond, der sich im Backblech gebildet hat, übergießen.

Gefüllte Hähnchenbrust auf mediterranem Gemüse mit Kartoffelgnocchi

90 Min.

ZUTATEN

200 g	Karotten, geschält
200 g	Lauch, gewaschen
200 g	Schalotten, geschält
200 g	Kürbis, geschält
200 g	Zucchini, gewaschen
200 g	Paprika, gewaschen
400 g	Kartoffelgnocchi
500 ml	Gemüsebrühe
	Rosmarin, Blattpetersilie Thymian
30 ml	natives Olivenöl extra
4	Hähnchenbrustfilets
100 g	Mozzarella in kleinen Würfeln
100 g	Gemüsewürfel (Lauch, Sellerie, Karotten)
	Salz, Pfeffer aus der Mühle frisches Basilikum

ZUBEREITUNG

Das Olivenöl auf ein tiefes Backblech geben und mit den Kräutern bedecken. Das Gemüse in ca. 4 x 4 cm große Stücke schneiden und auf die Kräuter legen. Mit Salz und Pfeffer würzen, die Gemüsebrühe angießen und für ca. 45 Min. bei 200 °C in den Backofen geben.
In das Hähnchenbrustfilet eine Tasche schneiden, die Mozzarellawürfel mit den Gemüsewürfeln mischen, mit Salz, Pfeffer und Basilikum würzen. Die Mischung in die Tasche der Hähnchenbrust füllen und mit einem Holzspieß verschließen. Nachdem das Gemüse 45 Min. im Ofen gegart hat, die Kartoffelgnocchi über dem Gemüse verteilen, die Hähnchenbrust mit Salz, Pfeffer und Paprika würzen und auf das Gemüse legen. Weitere 25-30 Min. bei 220 °C ins Rohr geben (die Hähnchenbrust muss ganz durchgegart werden).

ANRICHTEN

Das Gemüse und die Kartoffelgnocchi auf einen Teller geben, die Hähnchenbrust darauf anrichten und mit dem Fleisch-Gemüsefond, der sich im Backblech gebildet hat, übergießen.

Ganzes Hähnchen mit Zitronen und Oliven

90 Min.

ZUTATEN

1/2 TL	Zimt, gemahlen
1/2 TL	Kurkuma, gemahlen
1	Hähnchen von ca. 1,5 kg
2 EL	natives Olivenöl extra
1	Zwiebel, in Scheiben geschnitten
600 ml	Hühnerbrühe
2	frische Zitronen, in Scheiben geschnitten
75 g	schwarze Oliven, entsteint
1 EL	flüssiger Honig
	Salz, schwarzer Pfeffer

Tipp:

Servieren Sie zum Hähnchen kretische Kartoffeln (S. 221).

ZUBEREITUNG

Den Backofen auf 190 °C vorheizen. Zimt und Kurkuma mit etwas Salz und Pfeffer mischen und die Haut des Hähnchens damit gleichmäßig einreiben. Das Öl in einer großen Pfanne erhitzen und das Hähnchen von allen Seiten goldbraun anbraten und in eine feuerfeste Form legen. Die Zwiebeln in der Pfanne 3 Min. braten und mit der Hühnerbrühe aufgießen und bis kurz vor dem Siedepunkt erhitzen. Über das Hähnchen gießen und zugedeckt 30 Min. im Ofen backen. Das Hähnchen aus dem Ofen nehmen, Zitronen, Oliven und Honig hinzugeben und 45 Min. weiterbacken, bis das Hähnchen gar ist.

ANRICHTEN

Das Hähnchen zerteilen, auf einer Platte anrichten und mit dem Garsud übergießen.

Fleisch

Fleisch spielt eher eine untergeordnete Rolle

Im Vergleich zu Gemüse und Fisch spielen Fleischgerichte in der mediterranen Küche eine eher untergeordnete Rolle. Die Landschaften ums Mittelmeer sind vielerorts karg und lassen die üppigen grünen Wiesen vermissen. Oft werden die Tiere jung geschlachtet, beispielsweise Milchlämmer und Ziegen. Früher wurden sie an Festtagen mit Wildkräutern gewürzt am Spieß gebraten. Rinder sieht man eher selten und in früheren Zeiten galt Rindfleisch sogar als Luxus.

Fleisch für die Wintermonate

Viele Bauern hielten ein Schwein, dessen Fleisch nur für die kalten Wintermonate eingemacht wurde. Da Fleisch sehr teuer war, wurde es oft mit Hülsenfrüchten, Reis, Kartoffeln oder Gemüse ergänzt, damit alle satt wurden.

Eine weit verbreitete Methode ist das Grillen. Oft fädelt man dazu Fleischstücke auf Spieße, manchmal einfach auf einen Rosmarinzweig und fügt Zwiebelstücke oder anderes Gemüse hinzu. Durch den Rauch bekommt das Fleisch ein ganz besonderes Aroma.

Eine beliebte Zubereitung Fleisch und Gemüse

Hackfleisch, das zu Bällchen und Würstchen geformt, als Soße zu Nudeln oder als Füllung für Gemüse verwendet wird, ist ebenfalls überall im Mittelmeerraum beliebt. Diese Version der Zubereitung ist auch deshalb so beliebt, weil man es mit anderen Zutaten zu einem preiswerten, sättigenden Gericht „strecken" kann. Weißbrot, Reis oder Quark geben dem Fleischteig mehr Volumen, aber auch die nötige Bindung. Viele dieser Gerichte werden dann in einer Soße aus Zwiebeln und Tomaten geschmort, so erhöht sich der Gemüseanteil dieser Speisen wie von selbst.

Das nachfolgende Kapitel soll Ihnen einige Anregungen geben, wie Sie die Vielzahl von Gemüsearten mit etwas Fleisch zu köstlichen Gerichten vereinen können.

Schweinefleisch mit Zwiebeln und Sesam

75 Min.

ZUTATEN

400 g	Schweinegulasch
4 TL	Sesam
2 EL	natives Olivenöl extra
600 g	Zwiebeln, in Scheiben
300 ml	Gemüsebrühe
	Salz, Pfeffer aus der Mühle
	frische Petersilie

Das Gericht lässt sich auch mit Rind- oder Putenfleisch zubereiten.

ZUBEREITUNG

Fleisch und Sesam mischen, mit Salz und Pfeffer würzen. Olivenöl erhitzen, das Fleisch darin anbraten, die Zwiebelscheiben zugeben und ebenfalls mitbraten. Mit der Gemüsebrühe auffüllen, ca. 1 Stunde weiterschmoren, bis das Fleisch weich ist, zum Schluss noch mit Salz und Pfeffer abschmecken.

ANRICHTEN

Schweinefleisch auf den Teller geben und mit frischer Petersilie bestreuen. Dazu passen gekochte Nudeln oder Kartoffelgnocchi (S. 154).

Gemüsetopf mit Schweinefilet, Hähnchenbrust und Apfelmeerrettich

50 Min.

ZUTATEN

150 g	Karotten
150 g	Kohlrabi
150 g	Blumenkohl
150 g	Lauch
100 g	Schalotten
50 g	Blattpetersilie
1 l	Gemüsebrühe
1	Knoblauchzehe
5 EL	weißer Balsamessig
3	Thymianzweige
1	Lorbeerblatt
200 g	Schweinefilet
200 g	Hähnchenbrustfilet
	Salz, Pfeffer aus der Mühle natives Olivenöl extra
100 g	Gemüsemeerrettich
1/2	Apfel
50 g	frisch gehobelter Parmesan

ZUBEREITUNG

Karotten, Blumenkohl, Lauch und Kohlrabi putzen, waschen und in ca. 3 cm große Stücke schneiden. Den Knoblauch und die Schalotten schälen. Die Blattpetersilie zupfen und die Stiele beiseitestellen. Die Gemüsebrühe aufkochen, die geschnittenen Gemüse, die Schalotten, den Knoblauch und die Petersilienstiele zugeben und ca. 10 Min. bei geringer Hitze garen. Schweinefilet und Hähnchenbrustfilet in jeweils 4 gleiche Portionen schneiden, mit Salz, Pfeffer würzen und im heißen Olivenöl von beiden Seiten kurz anbraten. Nun das Fleisch mit dem Lorbeerblatt, dem Thymian und dem Essig zum Gemüse in die Brühe geben und nochmals ca. 10 Min. bei milder Hitze garen. Den Apfel raspeln und mit dem Meerrettich vermischen.

ANRICHTEN

Eine Portion vom Gemüse auf einem Teller anrichten, mit etwas Gemüsebrühe übergießen, das Fleisch daraufgeben und mit dem gehobelten Parmesan und der gezupften Blattpetersilie bestreuen. Den Apfelmeerrettich dazu reichen.

Als Beilage servieren Sie Salzkartoffeln oder geröstetes Weißbrot.

Geschnetzeltes Filet mit Trockenobst, Staudensellerie und Walnüssen

30 Min.

ZUTATEN

400 g	Schweinefilet, geschnetzelt
40 g	Schalotten
100 g	Trockenobst
100 ml	Apfelsaft
200 g	Staudensellerie
50 g	Walnusskerne
3 EL	natives Olivenöl extra
	Salz, Pfeffer aus der Mühle Blattpetersilie
400 ml	Karottensoße (Grundrezept, S. 131)

ZUBEREITUNG

Das Trockenobst im Apfelsaft einweichen. Die Schalotten in feine Scheiben schneiden und mit dem Schweinefilet in einem Teil des Olivenöls von allen Seiten anbraten. Mit Salz, Pfeffer würzen und warm stellen. Den Staudensellerie in ca. 4 cm große Stücke schneiden, das eingeweichte Trockenobst in feine Streifen schneiden. Staudensellerie und Trockenobst im restlichen Olivenöl andünsten, die Walnusskerne zugeben und kurz mit anbraten. Zum Schluss das Schweinefilet zum Gemüse geben, mit der Karottensoße auffüllen und noch mal abschmecken.

ANRICHTEN

Das Geschnetzelte auf einen Teller geben, die Blattpetersilie klein schneiden und darüber streuen. Servieren Sie dazu Risotto oder römische Nocken (S. 152).

Das Gericht lässt sich auch mit Hähnchenbrust oder Kaninchenfilet zubereiten.

Schweineröllchen mit Gorgonzola und Tomatensoße

50 Min.

ZUTATEN

4	Schweineschnitzel à 80 g
200 g	Gorgonzola
4	Scheiben Parmaschinken
4	kl. Salbeiblätter
	Salz, weißer Pfeffer
2 EL	natives Olivenöl extra
100 g	Zwiebeln, gewürfelt
80 g	Tomatenmark
500 ml	Gemüsebrühe
200 g	Tomaten in Würfeln
	Salz, Pfeffer, Thymian
	Knoblauch in Würfeln

ZUBEREITUNG

Die Schnitzel zwischen zwei Klarsichtfolien legen und plattieren. Den Gorgonzola in 4 gleich große Stücke schneiden, mit einem Salbeiblatt in eine Scheibe Schinken wickeln und damit die Schnitzel füllen. Die Schnitzel zusammenrollen, so dass sie die Füllung ganz umschließen. Salzen und pfeffern und mit einem Holzspieß fixieren. Die Schweineröllchen im Olivenöl anbraten, zur Seite stellen, die Zwiebeln in das Bratfett geben und mit dem Tomatenmark anrösten. Mit einem Teil der Gemüsebrühe auffüllen, die Tomatenwürfel zugeben und würzen. Die Schweineröllchen mit den Kräutern und dem Knoblauch in die Soße geben und ca. 40 Min. gar ziehen lassen. Die Röllchen aus der Soße nehmen und die Soße noch mal abschmecken.

ANRICHTEN

Die Schweineröllchen mit der Soße auf einen Teller geben. Servieren Sie dazu Polenta (S. 157) oder römische Nocken (S. 152).

- Die Röllchen lassen sich auch mit Puten- oder Kalbsschnitzel zubereiten.
- Sie können dafür auch andere Käsesorten verwenden.

Rinderhacksteak mit Tomaten, Mozzarella und Sardellen überbacken

40 Min.

ZUTATEN

400 g	Rinderhackfleisch
1	Ei
2	Scheiben Weißbrot
4 EL	Milch
2 EL	natives Olivenöl extra
2	Fleischtomaten
4 Blatt	frisches Basilikum, in Streifen geschnitten
100 g	Mozzarella
8	Sardellenfilets
	Salz, Pfeffer und Paprikapulver

Probieren Sie dieses Rezept auch mit Lammhackfleisch aus, ersetzen Sie jedoch 1/3 des Fleisches mit Feta.

ZUBEREITUNG

Weißbrot in Milch einweichen. Hackfleisch in eine Schüssel geben, mit Brot und Ei vermischen. Mit Salz, Pfeffer und Paprika abschmecken. Aus der Masse vier kleine Hacksteaks formen und in Olivenöl ausbraten. Tomaten und Mozzarella in Scheiben schneiden. Auf jedes Hacksteak eine Scheibe Tomate legen, mit Basilikum bestreuen. Darauf kommt je eine Scheibe Mozzarella und zwei über Kreuz gelegte Sardellenfilets. Die Hacksteaks ca. 10 Min. im Ofen überbacken.

ANRICHTEN

Die Hacksteaks mit mediterranem Gemüse und Polenta (S. 157) servieren.

Zucchiniauflauf mit Hackfleisch

50 Min.

ZUBEREITUNG

Zucchini der Länge nach in dünne Scheiben schneiden und mit Salz und Pfeffer würzen. Das Hackfleisch in heißem Olivenöl anbraten, dann die Zwiebeln und Tomaten zugeben und mit Zimt, Piment, Salz und Pfeffer würzen. Alles zusammen 10 Min. schmoren lassen und die frische Petersilie dazugeben. Zucchinischeiben und Hackfleischmasse schichtweise in eine Auflaufform geben und mit der Tomatensoße übergießen. Mit dem geriebenen Parmesan bestreuen und ca. 30 Min. bei 180 °C im Ofen backen.

ANRICHTEN

Den Auflauf in Portionen schneiden, auf dem Teller anrichten und mit gebratenen Kartoffeln oder frischem Vollkornbrot servieren.

ZUTATEN

900 g	Zucchini
200 g	Zwiebeln in Ringen
400 g	Fleischtomaten in Würfeln
200 g	Hackfleisch
4 EL	Tomatenmark
3 EL	Petersilie, geschnitten
1/4 TL	Zimt
1/4 TL	Piment
	Salz, Pfeffer aus der Mühle
4 EL	natives Olivenöl extra
100 g	Parmesan, gerieben
500 g	Tomatensoße siehe Grundrezept (S. 126)

Geben Sie einen Löffel Kräuter-Sauerrahm über den Auflauf.

Brot, Käse, Obst, Nüsse und Oliven – einfach genießen!

Gefüllte Paprika mit Hackfleisch und Schafskäse

50 Min.

ZUBEREITUNG

Die Paprika halbieren, den Strunk und die Kerne entfernen und waschen. Für die Füllung den Schafskäse in kleine Würfel schneiden, mit Hackfleisch, Quark, Ei, Semmelbröseln und Zwiebelwürfeln mischen. Das Basilikum in feine Streifen schneiden, den Knoblauch pressen und beides zum Hackfleisch geben. Mit Salz und Pfeffer würzen. Das Olivenöl in einer feuerfesten Form verteilen, die Paprika mit der Hackfleischmasse füllen und in die Form setzen. Mit dem Parmesan bestreuen und ca. 40 Min. bei 180 °C im Ofen backen.

ANRICHTEN

Die Paprika auf einen Teller setzen und mit den gerösteten Kürbiskernen bestreuen.
Servieren Sie zur gefüllten Paprika neue Kartoffeln oder Risotto und als Soße den Quark-Dip von S. 133.

ZUTATEN

4	rote Paprika
200 g	Hackfleisch
200 g	Schafskäse
80 g	Magerquark
100 g	Zwiebelwürfel
2	Knoblauchzehen
5 Blatt	Basilikum
1	Ei
50 g	Semmelbrösel
4 EL	natives Olivenöl extra
100 g	Parmesan, frisch gerieben
	Salz, Pfeffer aus der Mühle
	geröstete Kürbiskerne

Füllen Sie Zucchini, Gurken oder Auberginen auf die gleiche Art.

Auberginenröllchen mit Feta überbacken

60 Min.

ZUTATEN

1	große Aubergine
400 g	gekochter Reis
300 g	Hackfleisch, gemischt (Rind und Schwein)
2 EL	natives Olivenöl extra
	Salz, Pfeffer, Curry Majoran
100 g	Feta

ZUBEREITUNG

Die Aubergine in Scheiben schneiden und mit Pfeffer würzen.
Den gekochten Reis mit dem Hackfleisch gut verkneten, mit Salz, Pfeffer, Curry und Majoran würzen.
Die Masse auf den Auberginenscheiben verteilen, aufrollen und mit einem Holzspieß fixieren.
Olivenöl in einer Pfanne erhitzen, die Auberginenröllchen von allen Seiten anbraten und in eine feuerfeste Form legen.
Den Feta in kleine Würfel schneiden, über den Röllchen verteilen.
Die Form in den Backofen schieben und bei 180 °C ca. 40 Min. backen lassen.

ANRICHTEN

Servieren Sie die Auberginenröllchen zu einem Salat oder mit Risotto.

- Sie können dieses Gericht auch mit Zucchini herstellen.
- Überbacken Sie die Röllchen mit Parmesan.

Lammkoteletts mit Gemüsesoße

40 Min.

ZUBEREITUNG

Die Knoblauchzehe fein würfeln und mit den Kräutern, Salz und Pfeffer und dem Olivenöl zu einer Marinade verrühren. Die Lammkoteletts darin einlegen und über Nacht marinieren.
Für die Soße die Zwiebel und das Gemüse in kleine Würfel schneiden. In 5 EL der Marinade zunächst die Zwiebelwürfel glasig dünsten und danach die restlichen Gemüsewürfel zugeben.
Das Gemüse mit dem Lammfond und dem Tomatensaft ablöschen. Bei mittlerer Hitze zur Hälfte einkochen lassen. Den Strunk der Tomate entfernen, das Fruchtfleisch in kleine Würfel schneiden und zur Soße geben. Die Soße mit Salz, Pfeffer, Balsamessig und den Kräutern würzen. Die Lammkoteletts aus der Marinade nehmen und in einer heißen Pfanne von beiden Seiten braten.

ANRICHTEN

Die Gemüsesoße auf einen Teller geben und die Lammkoteletts darauf anrichten.

ZUTATEN

12	Lammkoteletts
1	Knoblauchzehe
4	Thymianzweige
2	Rosmarinzweige
100 ml	natives Olivenöl extra
	Salz, Pfeffer aus der Mühle

Für die Soße:

1	Zwiebel
100 g	Karotten
50 g	rote Paprika
50 g	gelbe Paprika
100 g	Zucchini
100 ml	Lammfond (aus dem Glas)
200 ml	Tomatensaft
1	Tomate
1 TL	Thymian
1 EL	Balsamessig
	Salz, Pfeffer aus der Mühle

- Geben Sie einen Löffel Kräuter-Sauerrahm über den Auflauf.
- Servieren Sie zu den Koteletts geröstetes Weißbrot oder gebackene Polenta (S. 158).

Lammpfanne mit Gemüse, Kartoffeln und Paprikapesto

90 Min.

ZUTATEN

400 g	Lammkeule, in Würfel geschnitten
400 g	Zucchini
400 g	Karotten
400 g	Kartoffeln
200 g	weiße Bohnen (aus der Dose)
1	Zwiebel
1	Knoblauchzehe
2 EL	Tomatenmark
3 EL	Mehl
200 ml	Weißwein
500 ml	Gemüsebrühe
3 EL	natives Olivenöl extra
	Salz, Pfeffer aus der Mühle Thymian, Rosmarin
1	rote Paprika
1/2	Zwiebel
	Salz, Pfeffer natives Olivenöl extra

ZUBEREITUNG

Das Gemüse und die Kartoffeln waschen, schälen und in ca. 3 x 3 cm große Würfel schneiden.
Die Zwiebel schälen und in Ringe schneiden. Olivenöl in einem Topf erhitzen und das Gemüse mit den Kartoffeln darin anbraten und zur Seite stellen.
Das Lammfleisch und die Zwiebeln in den Topf geben und ebenfalls anbraten. Das Tomatenmark zum Fleisch geben, kurz anrösten und mit dem Mehl stäuben. Das Ragout mit Weißwein und der Gemüsebrühe ablöschen, würzen mit Salz, Pfeffer und ca. 40 Min. schmoren lassen. Die Knoblauchzehe schälen, mit dem angebratenen Gemüse und den Kartoffeln zum Ragout geben, weitere 30 Min. schmoren lassen. Zum Schluss Thymian, Rosmarin und die weißen Bohnen zum Fleisch geben und 10 Min. ziehen lassen.
Für das Pesto die Paprika und die Zwiebel in feine Würfel schneiden, würzen mit Salz, Pfeffer und Olivenöl.

ANRICHTEN

Lammgulasch auf einem Teller anrichten, mit einem Löffel Paprikapesto garnieren.

Gesottene Lammschulter mit Gemüse

95 Min.

ZUBEREITUNG

Für den Fond die Gemüsebrühe aufkochen, den Essig, die Lorbeerblätter, Knoblauchzehen, Thymian, Rosmarin, Salz und Pfefferkörner hinzugeben. Die Lammschulter in den Fond geben und ca. 60 Min. bei leicht kochendem Fond garen lassen. Das Gemüse und die Kartoffeln in grobe Stücke schneiden, zur Lammschulter in den Fond geben und ca. 25 Min. garen.

ANRICHTEN

Das Gemüse mit den Kartoffeln portionsweise auf einem Teller anrichten, die Lammschulter in Scheiben schneiden und auf dem Gemüse anrichten. Mit dem Gemüsefond begießen und mit der geschnittenen Blattpetersilie bestreuen. Den Gemüsemeerrettich extra servieren.

ZUTATEN

600 g	Lammschulter (küchenfertig)
100 g	Lauch
200 g	Karotten
200 g	Sellerie
100 g	Zwiebeln
200 g	Kürbis
100 g	Weißkraut
600 g	Kartoffeln (festkochend)

2 l	Gemüsebrühe
300 ml	Balsamessig
3	Knoblauchzehen
2	Lorbeerblätter
	frischer Thymian Rosmarin, Pfefferkörner Salz
200 g	Gemüsemeerrettich
	Blattpetersilie

Tipp:

Das Gericht lässt sich auch mit Schweineschulter, Rinderschulter oder Rinderfilet herstellen.

Die Lieblingstaverne des Autors auf Kreta.

Desserts

Weniger Cremes, dafür mehr Früchte und Beeren

Desserts wie Schokoladenmousse oder Cremes, wie wir sie kennen, finden in der mediterranen Küche eher selten Verwendung. Für die Bewohner der Mittelmeerländer besteht ein mediterranes Dessert meist aus einer Auswahl sonnengereifter Früchte; Pflaumen, Melonen, Aprikosen, Pfirsiche bis hin zu Kirschen und Äpfeln.
Man richtet sie zum Beispiel mit Wein- oder Feigenblättern auf einer Platte an und legt die einzelnen Früchte aufgeschnitten dekorativ obenauf. Wenn Sie auf Kreta eine Taverne besuchen und dort mit mehreren Personen speisen, wird Ihnen der Wirt nach dem Essen eine Platte mit frischen Früchten bringen. Diese Früchteplatte müssen Sie auch nicht bezahlen, es gehört für die Bewohner Kretas selbstverständlich zum Essen dazu.

Eine Pizza mit Früchten

Eine andere Art des Desserts sind frische Früchte auf einem Teig gebacken. Man nimmt einfach frischen Weißbrotteig und belegt ihn mit vollreifen Früchten je nach Geschmack und Laune. Auf den nachfolgenden Seiten finden Sie ein Rezept für eine Aprikosenpizza. Der Vorteil dieses Desserts ist: Sie haben das volle Aroma süßer Früchte und knusprigen Teigs, aber dennoch eine Nachspeise ohne viel Fett und Cholesterin.

Eine weitere Dessertvariation sind Früchte, aber auch süße Gemüse in einem Teig gebacken. Im Rezeptteil finden Sie dazu herrlich knusprige Kürbiskrapfen.

Olivenöl auch für Desserts

Für die Bewohner der Mittelmeerländer ist Olivenöl nicht nur eine Fettquelle, sondern auch eine Lebensart. Deshalb wird pures Olivenöl sogar für Desserts verwendet. Ein gutes Beispiel dafür sind frische Erdbeeren mit Vanille-Olivenöl. Sie finden dieses Dessert unter der Rubrik Original-Kreta-Küche in diesem Buch.
Liebe Leserinnen und Leser, Sie sehen, auch der Dessertvielfalt sind in der mediterranen Küche keine Grenzen gesetzt.

Aprikosenpizza – ein Traum.

Aprikosenpizza mit Vanilleeis

• *Einfach gut.*

45 Min.

ZUTATEN

300 g	Weißbrotteig vom Bäcker
3 EL	Zucker
1 EL	geriebene Mandeln
1 EL	feiner Grieß
12	große Aprikosen
2 EL	natives Olivenöl extra

ZUBEREITUNG

Den Brotteig ausrollen und ein gefettetes Backblech damit auslegen. 1 EL Zucker mit den geriebenen Mandeln und dem Grieß mischen und über den Teig streuen.
Mit den entkernten Aprikosenhälften bedecken und nochmals 1 EL Zucker darüber streuen. Die Pizza mit 1 EL Olivenöl beträufeln und ca. 15 Min. bei Zimmertemperatur ziehen lassen. Das Backblech in den auf 200 °C vorgeheizten Backofen schieben und ca. 20 Min. backen.
Mit etwas Olivenöl beträufeln und mit 1 EL Zucker bestreuen.
Die Pizza schneiden und noch warm mit 1 Kugel Vanilleeis servieren.

Tipp:

Sie können zu der Pizza auch Vanillequark oder Vanillesoße servieren.

Gebackene Kürbiskrapfen

30 Min.

• *Probieren Sie es einfach – die sind wirklich gut.*

ZUTATEN

400 g	Kürbis, in 3 x 3 cm große Stücke geschnitten
2 EL	Zucker
1/2 TL	Zimt
	Orangenschale Zitronenschale

Teig:

250 g	Mehl
50 g	Zucker
1/2 TL	Zimt
2	Eigelb
2	Eiweiß
500 ml	Milch
2 EL	natives Olivenöl extra
	Olivenöl zum Ausbacken

ZUBEREITUNG

Den Kürbis mit Zucker, Zimt, Orangen- und Zitronenschale marinieren.
Für den Teig Mehl, Eigelb und Olivenöl vermischen und die Milch unterrühren. Den Teig 20 Min. ruhen lassen. Das Olivenöl zum Ausbacken erhitzen.
Zucker und Zimt vermischen, die Kürbisstücke darin wenden, in den Ausbackteig tauchen und im Öl goldbraun backen. Das Öl darf nicht zu heiß sein.
Die Kürbiskrapfen aus dem Fett nehmen, abtropfen lassen und mit Puderzucker bestreuen.

Die Krapfen lassen sich auch mit anderen Früchten wie Äpfel, Birnen oder Pflaumen zubereiten.

Abendessen

Die ganze Vielfalt von Obst, Gemüse und Salaten

Unser Abendbrot hierzulande führt oft ein Schattendasein, besteht es doch meistens aus Mischbrot mit Butter, Wurst- und Käsebelag, vielleicht noch eine Essiggurke aus dem Glas dazu. Die Mittelmeerküche vereint auch in diesem Kapitel die ganze Vielfalt von Obst, Gemüse und Salaten zu leckeren Gerichten für Ihr Abendbrot.

Stellen Sie sich eine frische Scheibe knuspriges Vollkornbrot vor, mit aromatischen Tomatenscheiben belegt, dazu pikante rote Zwiebelstreifen - mit duftendem Basilikum und Olivenöl mariniert. So einfach und dennoch genussvoll kann auch ein Abendbrot sein.

Leckere, knusprige Crostini

Eine andere Variante zum Abendessen sind Crostini, also kleine Brotscheiben in Olivenöl geröstet mit verschiedenen Belägen aus Gemüse und Frischkäse.

Als weitere Bereicherung für Ihr Abendessen können Sie kleine Polentascheiben oder Reisküchlein zubereiten. Belegen Sie beides mit Gemüse und Käse, Obst und Geflügel und überbacken sie im Ofen. Alle diese Gerichte lassen sich sehr gut vorbereiten und stressen Sie nicht noch zusätzlich nach einem anstrengenden Arbeitstag. So können Sie Ihr mediterranes Abendbrot in Ruhe, vielleicht bei einem Glas Wein und einem guten Gespräch im Kreise Ihrer Familie genießen.

Im nachfolgenden Kapitel finden Sie noch viele weitere Vorschläge für Ihr abwechslungsreiches Abendessen der mediterranen Küche.

Anregungen zum Abendessen

Vollkornbrot, Brötchen oder Kornspitz mit Kräuterquark bestrichen und verschiedene Beläge.

Alternativen für kalte Gerichte

- Radieschenstifte mit Gartenkresse.
- Gurkenscheiben mit geschnittener Blattpetersilie.
- Tomatenquark mit Basilikum.
- Quark mit Frühlingszwiebeln und Apfelwürfeln.
- Quark mit Rucola und Gemüsewürfeln.
- Tomatenscheiben und Mozzarellascheiben mit Basilikum.
- Tomatenscheiben mit Schalotten und Schnittlauch.
- Rettich mit Petersilie.
- Rucola, Tomatenwürfel und Apfelwürfel.
- Feta mit Gurkenwürfeln, Tomatenwürfeln und Pesto.
- Gurkenwürfel, Radieschen, Tomaten und Käsewürfel.
- Trauben, Käse, Radieschen und Rucola.
- Vollkornbrot mit Frischkäse, Radieschen, Gurken und Kräutern.
- Kräuterfrischkäse und geröstetem Sesam.
- Sesambrötchen mit Quark bestrichen, Gurkenscheiben und Räucherlachs.
- Pikanter Vitaminquark: Quark, Paprikawürfel (bunt), Gurkenwürfel, Zwiebelwürfel, Radieschen und Tabascosoße.

Crostini – geröstete Brotscheiben

- Tomatenwürfel, Zwiebel und Kräuter.
- Gemüsecreme: gekochter Reis, püriertes Gemüse und Schmelzkäse.
- Paprikacreme: gekochter Reis oder Zartweizen mit Ajvar und Schmelzkäse.

Mediterranes Sandwich

Ciabatta, Baguette oder Vollkornbrot mit Frischkäse bestreichen, Salatblätter darauf legen, Tomatenscheiben, Zwiebelringe, Mozzarellascheiben, Basilikum oder Pesto, mit Olivenöl und Balsamessig beträufeln.

Alternativen für warme Gerichte

Polentascheiben in Olivenöl angebraten mit verschiedenen Belägen:
- mit Tomate, Basilikum und Mozzarella überbacken.
- mit Zwiebeln, Oliven, Salamiwürfeln und Reibekäse überbacken.
- mit Paprika, Champignons und Käse überbacken.
- mit Schinken, Ananas und Käse überbacken.
- mit Sardellen, Gurken, Zwiebeln und Mozzarella überbacken.

Reisküchlein

Reisküchlein (S. 159):
- mit Keimen, Schinkenwürfeln, Früchten und Käse überbacken.
- mit geräuchertem Fisch, Gurken, Pesto und Käse überbacken.
- mit kaltem Geflügel, Früchten, Oliven und Käse überbacken.
- mit Tomaten, Knoblauch, Frühlingszwiebeln, Paprika und Käse überbacken.
- mit Parmaschinken, Melone und Mozzarella überbacken.

Gebratene Gemüsespießchen

Kleine gebratene Gemüsespießchen
- mit Paprika, Kohlrabi, Zwiebeln und Champignons.
- mit Zucchini, Auberginen, roten Zwiebeln und Knoblauch in der Schale.
- mit kleinen Tomaten, gelben Paprika und weißen Zwiebeln.
- Herbstspieß: Kürbis, Birnen und Kartoffeln (kurz vorgegart).
- mediterraner Spieß: Fenchel, Zucchini, rote Paprika und Auberginen.

Marinieren Sie die Gemüsespießchen mit selbstgemachtem Pesto und würzen Sie nach Ihrem Geschmack mit Pfeffer aus der Mühle, Curry, Paprika oder Chili.

Radieschenbrot

10 Min.

ZUTATEN

2	Scheiben Vollkornbrot
100 g	Kräuterfrischkäse
6	Radieschen
1	Frühlingszwiebel
1	Schalotte
1	Knoblauchzehe
	Salz, Pfeffer aus der Mühle

ZUBEREITUNG

Das Brot mit dem Kräuterfrischkäse bestreichen, die Radieschen in Scheiben schneiden, die Frühlingszwiebel, die Schalotte und den Knoblauch ebenfalls in feine Scheiben schneiden.

ANRICHTEN

Die Radieschenscheiben auf dem Brot ziegelartig anrichten, die Schalotten, den Knoblauch und die Frühlingszwiebel darauf verteilen und mit Salz und Pfeffer würzen.

Vollkornbrot mit Vitaminquark

15 Min.

ZUTATEN

2	Scheiben Vollkornbrot
100 g	Magerquark
2 EL	Milch
1/4	rote Paprika
1	Knoblauchzehe
	Schnittlauch, Blattpetersilie, Basilikum, Kresse (geschnitten)
	Salz, Pfeffer aus der Mühle

ZUBEREITUNG

Magerquark mit der Milch verrühren, die Paprika in kleine Würfel schneiden und zum Quark geben. Den Knoblauch pressen und mit den geschnittenen Kräutern unter den Quark rühren. Den Quark mit Salz, Pfeffer würzen und auf das Vollkornbrot streichen.

Tomatenbrot mit Zwiebeln und Basilikum

10 Min.

• *Es muss nicht immer Wurst und Käse sein.*

ZUBEREITUNG

Das Vollkornbrot mit Magerquark bestreichen. Die Tomaten in Scheiben schneiden, die Zwiebel in feine Streifen schneiden. Das Brot mit den Tomatenscheiben belegen, die Zwiebelstreifen darauf verteilen, das Basilikum in feine Streifen schneiden und auf dem Tomatenbrot verteilen. Über die Tomaten etwas Olivenöl träufeln und mit Pfeffer aus der Mühle würzen.

ZUTATEN

2	Scheiben Vollkornbrot
100 g	Magerquark
2	Tomaten
1/2	rote Zwiebel
4	Blatt Basilikum
1 EL	natives Olivenöl extra
	Pfeffer aus der Mühle

Raspeln Sie über das Tomatenbrot frischen Parmesan.

Bunte Crostini

je 15-20 Min.

Crostini sind in Oliven- oder Rapsöl geröstete Weißbrotscheiben mit verschiedenem Belag. Bei den Belägen sind Ihrer Phantasie keine Grenzen gesetzt, ich habe hier vier Vorschläge für Sie zusammengestellt.

Tomaten-Belag

ZUTATEN

1	Tomate
1	Schalotte in Würfeln
1/2	Knoblauchzehe, gepresst
1 EL	natives Olivenöl extra
	Salz, Pfeffer aus der Mühle Basilikum

ZUBEREITUNG

Die Tomate in Würfel schneiden, die Schalottenwürfel im Olivenöl andünsten, mit den Tomaten und dem Knoblauch vermischen, mit Salz, Pfeffer und Basilikum würzen.

Frühlingszwiebel-Belag

ZUTATEN

1	Frühlingszwiebel
1	rote Chilischote
2 EL	Rapsöl
1 EL	gehackte Blattpetersilie
	Salz, Pfeffer aus der Mühle

ZUBEREITUNG

Die Frühlingszwiebel in feine Ringe schneiden, die Chilischote entkernen und fein würfeln.
Die Frühlingszwiebel im Rapsöl glasig dünsten, dann die Chilischote dazugeben mit Salz, Pfeffer und der Petersilie abschmecken.
Zum Marinieren ca. 1 Stunde kühl stellen.

Geben Sie auf die fertig belegten Crostini frisch geriebenen Meerrettich.

Frischkäse-Rucola-Belag

ZUTATEN

100 g	körniger Frischkäse
50 g	Quark
1 kl.	Schalotte in Würfeln
1 kl.	Bund Rucola
	Salz, Pfeffer aus der Mühle Paprikapulver

ZUBEREITUNG

Frischkäse mit dem Quark verrühren, mit Salz, Pfeffer und dem Paprikapulver abschmecken. Den Rucola waschen und in Streifen schneiden, mit den Schalottenwürfeln unter den Frischkäse rühren.

Überbackene Crostini

ZUTATEN

100 g	rote Paprika
1	Knoblauchzehe
100 g	Mozzarella
5	Blatt Basilikum
	Salz, Pfeffer aus der Mühle

ZUBEREITUNG

Die Paprika in feine Streifen schneiden, mit Salz, Pfeffer würzen und ca. 10 Min. ziehen lassen.
Die geschnittene Paprika auf den Crostini verteilen und das Basilikum darauf legen. Den Mozzarella in Scheiben schneiden und auf die Crostini legen.
Die Weißbrotscheiben für ca. 2-3 Min. unter dem Grill des Backofens überbacken.

- Probieren Sie dieses Rezept mit Birne, Fenchel und Parmesan.
- Pilze eignen sich auch zum Überbacken, jedoch sollten sie zuvor in etwas Olivenöl angedünstet werden.

Mediterranes Sandwich – knuspriges Vollkornbrötchen, lecker belegt.

Gefüllte Tomaten

15 Min.

ZUBEREITUNG

Von den Tomaten den oberen Teil als Deckel abschneiden, das Fruchtfleisch mit einem Löffel herausnehmen (evtl. für Tomatensoße verwenden). Die Käsewürfel, die Schalotte, die Radieschen und den Zartweizen mit Balsamessig und Olivenöl marinieren. Mit Salz, Pfeffer würzen und in die Tomaten füllen.

ANRICHTEN

Die Tomaten auf einem Teller anrichten, mit dem Basilikum garnieren und evtl. mit frisch geriebenem Parmesan bestreuen.

ZUTATEN

4	große Fleischtomaten
80 g	Käsewürfel
1	Schalotte, in Streifen geschnitten
10	Radieschen, in Scheiben geschnitten
100 g	Zartweizen, gegart (oder Reis, gegart)
2 EL	natives Olivenöl extra
1 EL	Balsamessig
5	Blatt Basilikum
	Salz, Pfeffer aus der Mühle

Die Tomaten lassen sich auch im Backofen überbacken, servieren Sie dazu Crostini Ihrer Wahl.

Frischkäseröllchen

20 Min.

ZUTATEN

2	Zucchini
2 EL	Mehl
2 EL	natives Olivenöl extra
100 g	Frischkäse 20 %
1/2	Paprika in Würfeln
	Salz, Pfeffer aus der Mühle
	Blattpetersilie

ZUBEREITUNG

Zucchini der Länge nach in dünne Scheiben schneiden, in Mehl wenden, im Olivenöl anbraten und salzen.
Den Frischkäse mit den Paprikawürfeln mischen, mit Salz, Pfeffer und der Blattpetersilie würzen.
Die Zucchinischeiben mit der Masse bestreichen, aufrollen und mit einem Spießchen zusammenstecken.

Das Gericht lässt sich auch mit Auberginen herstellen.

Original-Kreta-Küche

Liebe Leserinnen und Leser,
in diesem Kapitel habe ich Rezepte zusammengetragen, die ich bei meinen Reisen nach Kreta von den Einheimischen gelernt habe. Es sind Rezepte, wie sie die Kreter heute noch kochen. Es ist eine Küche, die geprägt ist von Salaten, Vollkornbrot, Hülsenfrüchten, viel frischem Gemüse, aber auch von Fleisch- und Fischgerichten. Natürlich immer unter der Verwendung von Oliven und bestem Olivenöl.

Bei meinen Reisen nach Kreta habe ich diese Rezepte zusammengetragen.

Die ursprüngliche Küche der Kreter ist eine Küche, die unkompliziert und geradlinig ist. Die einfachen Zutaten und die ungekünstelte Zubereitung machen die Küche Kretas zu einem besonderen Geschmackserlebnis.
Ein Geschmackserlebnis, das man als Tourist in den meisten Hotels auf Kreta leider nicht mehr findet. Deshalb habe ich in diesem Kapitel versucht, Ihnen die originalen Rezepte so natürlich wie möglich zu vermitteln.

Die Küche Kretas ist aber auch eine Küche, die keiner teuren Lebensmittel bedarf. Es werden Lebensmittel verwendet, die die Bauern und die Landbevölkerung auf Kreta selbst anbauen oder als Vieh großziehen. Viele dieser Lebensmittel finden Sie auch bei uns im Lebensmittelhandel. Es werden jedoch immer Lebensmittel von bester Qualität verwendet.

„Es braucht zu allem ein Entschließen, selbst zum Genießen"

Also, fangen Sie einfach an kretisch zu kochen!

Kretischer Gerstenzwieback "Paximadi-Grundrezept"

190 Min.
ohne Trocknen

• *Etwas aufwändig.*

ZUTATEN

225 g	natives Olivenöl extra
1 kg	Gerstenmehl mit Schrot
0,5 kg	Weizenmehl
30 g	frische Hefe
1 EL	Salz
3 EL	Rotwein

ZUBEREITUNG

Die Hälfte des Weizenmehls in eine Schüssel geben, eine Mulde formen, die Hefe mit etwas lauwarmem Wasser auflösen, in die Mulde geben, etwas gehen lassen und mit dem Mehl verkneten. Den Teig zur Seite stellen und zur doppelten Größe aufgehen lassen.

Das Gerstenmehl in eine große Schüssel geben, eine Mulde formen, in die Mulde Salz, Olivenöl, Wein und den aufgegangenen Teig geben. Den Teig verkneten und nach und nach das restliche Weizenmehl und lauwarmes Wasser zugeben. (Der Teig ist am Anfang klebrig, aber nach dem Kneten homogen und fest.)

Den Teig mit einem Tuch abdecken und ca. 60-70 Min. gehen lassen, bis das Volumen sich verdoppelt hat.

Den Teig nach dem Gehen nochmals durchkneten und kleine kreisrunde ca. 3 cm dicke Fladen formen. Mit einem scharfen Messer die Außenseite rundum einritzen. Die Fladen auf ein mit Olivenöl gefettetes Backblech legen und 50-60 Min. gehen lassen und bei 180 °C 60 Min. backen.

Das gebackene Brot nach dem Backen leicht abkühlen lassen und an der Einritzung aufschneiden, die halbierten Teigstücke erneut auf das Backblech legen und nochmals für 6 Stunden bei 50-60 °C backen.

Das Brot ist nun getrocknet (wie Zwieback) und sollte an einem kühlen, trockenen Ort aufbewahrt werden.

Zubereitung siehe „Paximadi" Rezept auf der folgenden Seite.

„Paximadi"

• *Doppelt gebackenes kretisches Brot.*

Das doppelt gebackene Brot ist auf Kreta eine Lebensweise! Es stammt aus einer Zeit, als es die Lebensumstände dem kretischen Haushalt nicht zuließen, jeden Tag Brot zu backen. Deshalb wurde es doppelt gebacken. Dadurch wurde dem Brot das Wasser entzogen, das machte es zwar hart, aber auch köstlicher. Es konnte nun viele Wochen und Monate aufbewahrt werden. Es war einfacher, es in Wasser zu tauchen, um es zu genießen, obwohl es üblicherweise trocken gegessen wurde. Und die Kreter haben viele Wege gefunden, ihr doppelt gebackenes Brot zu verwenden. Paximadi ist auch ein Brot, das in keinem kretischen Haushalt fehlen darf. Sehr bekannt ist der Gerstenkringel mit geriebener Tomate und Misithra (einer Art Frischkäse). Untenstehend nun eine Variante dieser Spezialität mit Tomate und Schafskäse.

20 Min.

ZUTATEN

4	Scheiben doppelt gebackenes Brot (oder Vollkornbaguettescheiben ca. 5 Min bei 200 °C im Backofen trocknen)
400 g	Fleischtomaten
100 g	Zwiebeln
100 g	Schafskäse
1/2	Bund Blattpetersilie
1/2	Knoblauchzehe
	Salz, Pfeffer aus der Mühle Oregano natives Olivenöl extra

ZUBEREITUNG

Das doppelt gebackene Brot kurz ins Wasser tauchen, auf einen Teller legen (wenn nicht vorhanden, dann Vollkornbrot), mit Olivenöl beträufeln und mit Oregano bestreuen.
Die Tomaten in 1 x 1 cm große Würfel schneiden, Zwiebeln und Knoblauch fein würfeln und mit den Tomaten mischen. Salzen, pfeffern und auf dem Brot gleichmäßig verteilen. Das Brot ca. 20 Min. stehen lassen. Der Saft der Tomaten soll das Brot gleichmäßig aufweichen. Nun den Schafskäse würfeln und auf den Tomaten verteilen, nochmals mit Olivenöl beträufeln und mit der Blattpetersilie garnieren.

Olivenbrot

70 Min.

• Einfach mal selber Brot backen.

ZUTATEN

500 g	Mehl
8 g	Salz
40 g	Hefe
300 ml	lauwarmes Wasser
100 g	Olivenpaste (pürierte schwarze Oliven oder fein gehackte Oliven)

Servieren Sie zu diesem Brot Auberginensalat oder einen griechischen Bauernsalat.

ZUBEREITUNG

Mehl und Salz in einer Schüssel mischen. Hefe in einem Teil des Wassers auflösen. Mit dem Knethaken des Handrührgeräts die aufgelöste Hefe und die Olivenpaste in das Mehl rühren, dann nach und nach den Rest des Wassers zufügen, bis ein homogener, elastischer Teig entsteht. Den Teig abdecken und gehen lassen, bis sich das Volumen etwa verdoppelt hat.

Auf einer bemehlten Arbeitsfläche den Teig zu einer Kugel kneten, diese halbieren und aus den Stücken längliche Stangen formen. Die Teigstangen auf ein mit Backpapier belegtes Blech geben, abdecken und ca. 20-30 Min. gehen lassen.

Die Brote vorsichtig mit einem scharfen Messer quer über die Oberfläche einschneiden und in den auf 250 °C vorgeheizten Backofen schieben. Ein Glas Wasser rasch auf den Boden des Backofens gießen (Vorsicht Verbrühungsgefahr) und sofort die Türe schließen. Der sich dadurch bildende Wasserdampf verzögert eine zu rasche Krustenbildung. Nach etwa 10 Min. Backofentür vorsichtig öffnen und den Dampf entweichen lassen. Die Brote weitere 15-20 Min backen lassen. Auf einem Gitter auskühlen lassen und möglichst frisch – am besten am selben Tag – genießen.

„Fava" – Püree von gelben Erbsen

40 Min.

• *Gelingt leicht und schmeckt toll.*

ZUTATEN

300 g	getrocknete gelbe Schälerbsen
1	kleine Zwiebel
500 ml	Gemüsebrühe
1/2	Zwiebel
1/2	Bund Blattpetersilie
	Salz, Pfeffer aus der Mühle Koriander
	natives Olivenöl extra

Dieses Püree ist leicht herzustellen und kann als Aufstrich für verschiedene Brotsorten verwendet werden.

ZUBEREITUNG

Die Schälerbsen mit der Zwiebel in der Gemüsebrühe weich kochen, mit Salz, Koriander und Pfeffer würzen. Anschließend pürieren und abkühlen lassen. Die Zwiebel in feine Würfel und die Blattpetersilie in feine Streifen schneiden.
Das Erbsenpüree auf einem Teller anrichten, mit Zwiebelwürfeln und der Petersilie bestreuen.
Zum Schluss reichlich Olivenöl über das Erbsenpüree gießen.

• Genießen Sie das Erbsenpüree zu geröstetem Vollkornbrot oder Stangenweißbrot.
• Probieren Sie auch fein geschnittene Frühlingszwiebeln und Oliven zu dem Püree.

NOCH EIN TIPP:
Träufeln Sie über das Püree etwas frischen Zitronensaft, das gibt einen noch frischeren Geschmack.

Frische Weinblätter zum Füllen mit Fleisch oder Gemüse.

Schälerbsenkroketten

50 Min.

ZUTATEN

500 g	gelbe Schälerbsen
1	Zwiebel
1	Bund Blattpetersilie
100 g	Paniermehl
100 g	geriebener Käse
2	Eier
	Salz, Pfeffer aus der Mühle Mehl und natives Olivenöl extra zum Backen

ZUBEREITUNG

Die Schälerbsen in Salzwasser kochen, bis sie zu Brei werden.
Dann abkühlen lassen. Anschließend die klein geschnittene Zwiebel, die geschnittene Petersilie, das Paniermehl, den Reibekäse und die Eier in eine Schüssel geben.
Die Schälerbsen zugeben, mit Salz, Pfeffer würzen und gut vermischen.
Zum Schluss von der Masse Kroketten formen, in Mehl wenden und im Olivenöl ausbacken.

Servieren Sie die Kroketten zu einem Bauernsalat oder als Vorspeise mit einer Kräuter-Joghurt-soße.

Zucchinikroketten

50 Min.

ZUTATEN

500 g	Zucchini
250 g	Kartoffeln
250 g	Zwiebeln
2	Eier
100 g	Reibekäse
	Salz, Pfeffer aus der Mühle Mehl und natives Olivenöl extra zum Ausbacken

ZUBEREITUNG

Die Kartoffeln kochen und durchpressen, Zucchini raspeln und die Zwiebel fein würfeln.
Alle Zutaten zusammen in eine Schüssel geben, mit den Eiern und dem Reibekäse mischen. Die Masse mit Salz und Pfeffer würzen.
Von der Masse kleine Kroketten formen, in Mehl wenden und im Olivenöl ausbacken.

Reichen Sie die Kroketten als Beilage zu Fleisch- oder Geflügelgerichten.

Kretische Gemüsepastetchen

Diese Pastetchen haben auf Kreta eine uralte Tradition und werden auch heute noch in fast jedem Haushalt selbst hergestellt. Es gibt unzählige Variationen von diesen Pastetchen. In Kreta werden sie deftig, aber auch süß gefüllt. Dem Ideenreichtum sind hier keine Grenzen gesetzt.

60 Min.

Grundrezept für den Teig

ZUTATEN

500 g	Mehl
225 ml	Wasser
3 EL	natives Olivenöl extra
3 EL	Raki oder Zitronensaft
1/2 TL	Salz

ZUBEREITUNG

Das Mehl in eine Schüssel geben und eine Mulde formen. In die Mulde das Olivenöl, den Raki und das Wasser gießen. Das Salz über dem Mehl verteilen und aus allen Zutaten einen geschmeidigen Teig kneten. Den Teig eine 1/2 Stunde ruhen lassen, dünn ausrollen und in ca. 15 cm breite Bahnen schneiden. Die Füllung portionsweise auf der einen Seite der Teigbahn verteilen, die andere Seite darüber schlagen, in Portionsstücke schneiden und die Ränder mit einer Gabel festdrücken. Nach dem Füllen werden die Pastetchen im Olivenöl ausgebacken.

Variationen für Pastetenfüllungen:

- Tomaten, Zucchini, Zwiebeln, Oregano
- Fenchel, Lauch, Karotten, Zwiebeln, Fenchelgrün
- Kürbis, Zwiebeln, Kümmel
- gehackter Spinat, Zwiebeln, Knoblauch, Schafskäse
- Tomaten, Rucola, Schafskäse, Auberginen
- gedünsteter Lauch, Apfelwürfel, Petersilie und Zucchiniwürfel
- Hackfleisch und Schafskäse

Süße Füllungen:

- Kürbis, Äpfel, Zucker, Zimt
- gebratene Birnenwürfel, Ricotta, Zucker

Kretisches Büfett in einer Taverne auf dem Land.

Kretische Kartoffeln

• *Meine Lieblingskartoffeln.*

55 Min.

ZUBEREITUNG

Tomaten und Zwiebeln grob würfeln. Eine Auflaufform mit Olivenöl ausstreichen, die Zwiebeln und Tomaten gleichmäßig in der Form verteilen.
Die Kartoffeln der Länge nach halbieren und auf das Gemüse setzen. Die Kartoffeln gleichmäßig mit Olivenöl bestreichen.

Zum Schluss mit Salz und Pfeffer würzen, anschließend den Thymian zwischen den Kartoffeln verteilen. Die Kartoffeln für ca. 45 Min. im 180 °C heißen Ofen goldbraun backen.

ZUTATEN

1 kg	geschälte Kartoffeln
300 g	Tomaten
100 g	Zwiebeln
1	Knoblauchzehe
1	Thymianzweig
	Salz, Pfeffer aus der Mühle
	natives Olivenöl extra

Soße zu den Kartoffeln:

500 g	Quark
1/2	Salatgurke
1/2	Knoblauchzehe
2	Schalotten
100 g	Ziegenkäse
	Salz, Pfeffer
	natives Olivenöl extra
	Frühlingszwiebeln

ZUBEREITUNG

Die Gurke schälen, raspeln und salzen. Schalotten fein würfeln, Knoblauch pressen und den Ziegenkäse in kleine Würfel schneiden.
Die gesalzenen Gurken ausdrücken und mit dem Saft den Quark glatt rühren.
Nun die Schalotten, den Knoblauch und den Ziegenkäse zu dem Quark geben. Abschmecken mit Salz und Pfeffer.
Das Grün der Frühlingszwiebeln in feine Ringe schneiden und mit 2 EL Olivenöl unter den Quark rühren.

Servieren Sie diese Soße auch zu gegrilltem Gemüse oder Fleisch.

Kartoffeln mit Olivenöl und Oregano aus dem Ofen

55 Min.

• *Sehr aromatische Kartoffeln.*

ZUTATEN

1 kg	große geschälte Kartoffeln (oder neue Kartoffeln)
50 ml	natives Olivenöl extra
	Saft einer Zitrone
	Salz, Pfeffer, Oregano

ZUBEREITUNG

Die Kartoffeln der Länge nach halbieren, auf ein Backblech legen und mit Salz, Pfeffer und Oregano würzen. Das Olivenöl und den Zitronensaft über die Kartoffeln geben und gut vermischen.

Auf das Backblech zwei Tassen Wasser gießen und die Kartoffeln bei 170 °C ca. 45 Min. im Backofen goldbraun backen.

Servieren Sie zu diesen Kartoffeln verschiedene kalte Soßen aus diesem Kochbuch (S. 132 ff.).

Auberginensalat mit Tomaten

• *Gelingt leicht.*

40 Min.

ZUTATEN

500 g	Auberginen
200 g	Fleischtomaten
50 g	Schalotten oder Zwiebeln
1	Knoblauchzehe
2 EL	Blattpetersilie
2 EL	grob gehackte Mandeln
1 EL	Rotweinessig
5 EL	natives Olivenöl extra
	Salz, Pfeffer, Oregano

ZUBEREITUNG

Auberginen waschen, halbieren und auf ein mit Alufolie belegtes Backblech geben. Auberginen salzen und pfeffern und für ca. 25 Min. bei 180 °C im Backofen backen.
Auberginen etwas erkalten lassen und in ca. 1 x 1 cm große Würfel schneiden. Von der Fleischtomate den Strunk entfernen und in kleine Würfel schneiden (mit Schale). Auberginen und Tomaten in eine Schüssel geben, den Knoblauch pressen, die Schalotte fein würfeln und mit den Mandeln zum Salat geben. Rotweinessig und Olivenöl unter die Masse rühren und nochmals abschmecken.

Zum Schluss den Auberginensalat auf einem Teller anrichten und mit der geschnittenen Blattpetersilie garnieren.

Tipp:

Servieren Sie zum Salat eingelegte Oliven und Zitronenscheiben.

Zucchinisalat

25 Min.

• *Geht schnell – schmeckt gut.*

ZUTATEN

300 g	Zucchini
100 g	Naturjoghurt 1,5 %
150 g	Quark 20 %
2 EL	natives Olivenöl extra
1	Knoblauchzehe
1/2	Zitrone
	Salz, Pfeffer, Blattpetersilie

• Servieren Sie diesen Salat als Soße zu gegrilltem Fisch oder Gemüse.
• Dieser Salat kann auch mit Frischkäse zubereitet werden.

ZUBEREITUNG

Zucchini waschen und grob raspeln. Mit Salz, Pfeffer würzen und ca. 15 Min. ziehen lassen.
In der Zwischenzeit Joghurt und Quark verrühren, würzen mit Salz und Pfeffer. Den Knoblauch pressen, mit dem Olivenöl unter die Quark-Joghurtmasse rühren. Die geraspelten Zucchini mit der Hand ausdrücken und unter die Quarkmasse geben.

Zum Schluss die Blattpetersilie in feine Streifen schneiden, die Zitrone auspressen und den Saft mit der Petersilie unter den Salat mischen.

„Briam" – Kretische Gemüsepfanne aus dem Ofen

• *Das Gemüse finden Sie in jeder Taverne auf Kreta.*

Briam ist ein Gericht, das in der kretischen Küche nicht fehlen darf. Man findet dieses Gericht in jedem kretischen Haushalt und auf der Speisekarte jeder Taverne. Die verwendeten Gemüsearten sind saisonal unterschiedlich und jederzeit austauschbar. Original wird das Gericht in großen runden Töpfen in einem mit Olivenholz beheizten, steinernen Backofen zubereitet.

55 Min.

ZUTATEN

300 g	Zucchini
200 g	Auberginen
200 g	rote Paprikaschoten
100 g	Zwiebeln
200 g	Fleischtomaten
2	Knoblauchzehen
	Salz, Pfeffer
	Oregano, Thymian
	natives Olivenöl extra

ZUBEREITUNG

Zucchini, Auberginen, Paprikaschoten und Zwiebeln in ca. 2 cm breite Scheiben schneiden. Das Gemüse in eine feuerfeste Auflaufform geben und mit Salz und Pfeffer würzen. Anschließend das Gemüse gut mit Olivenöl und etwas Thymian vermischen.

Zum Schluss die Knoblauchzehen unter das Gemüse geben, die Fleischtomaten in Scheiben schneiden und auf das geschnittene Gemüse legen. Das Gemüse bei 180 °C für ca. 45 Min. im Backofen goldbraun backen.

ANRICHTEN

Belegen Sie das Gemüse nach dem Backen mit Scheiben vom Feta und bestreuen es mit etwas Oregano und Olivenöl.

Geben Sie unter das Gemüse Kartoffelscheiben oder servieren Sie eine Vollkornstange zu diesem Gericht.

Hühnchen mit Kartoffeln und Gemüse

70 Min.

ZUTATEN

1	Poularde ca. 1400 g
500 g	Kartoffeln, mittlere Größe
200 g	Schalotten
200 g	Karotten, mittlere Größe
200 g	rote Paprika
2	Knoblauchzehen
	Salz, Pfeffer aus der Mühle Rosmarin, Thymian natives Olivenöl extra
	eine große feuerfeste Form für den Backofen

Dieses Gericht lässt sich sehr bequem zubereiten, da nur eine Form gebraucht wird und alle Zutaten zur gleichen Zeit gar sind.

ZUBEREITUNG

Die Poularde in 4 gleiche Teile schneiden und mit Salz und Pfeffer würzen.
Die Kartoffeln schälen und halbieren. Schalotten und Karotten ebenfalls schälen, die Karotten in ca. 4 cm große Stücke schneiden. Die Paprika halbieren und entkernen.
Nun das Gemüse mit den Kartoffeln in die Form legen, mit Salz, Pfeffer würzen und mit Olivenöl beträufeln. Die Poulardenstücke obenauf legen und nochmals mit Olivenöl beträufeln.
Zum Schluss den Rosmarin mit dem Thymian und dem Knoblauch zwischen den Poulardenstücken verteilen. Das Gericht für ca. 50-60 Min. im Backofen bei 180 °C backen.

Tipp:

Sie können dieses Gericht auch mit Lammrücken oder Kaninchen zubereiten.

Lammfrikassee mit Zitrone und römischem Salat

75 Min.

• *Unser Renner bei den „Herzwochen auf Kreta".*

ZUBEREITUNG

Das Lammfleisch mit Salz und Pfeffer würzen, in einem genügend großen Topf in Olivenöl anbräunen, mit Mehl stäuben und mit Weißwein ablöschen. Nun das Fleisch mit der Gemüsebrühe knapp bedecken und bei milder Hitze köcheln lassen.
In der Zwischenzeit Zwiebeln und Karotten schälen und in ca. 5 cm große Stücke schneiden.
Wenn das Fleisch halbgar ist, das Gemüse zugeben und weitergaren. Den Salat waschen und ebenfalls in 5 cm große Stücke schneiden.

Zum Schluss der Garzeit den Salat zum Frikassee geben und ca. 5 Min. mitgaren lassen. Das Frikassee mit Zitronenabrieb und Zitronensaft sowie dem geschnittenen Dill würzen.

ZUTATEN

400 g	Lammschulter, gewürfelt
100 g	Zwiebeln
100 g	Karotten
1	römischer Salat (Zuckerhut) oder Endivien
1	Zitrone (unbehandelt)
50 g	Mehl
100 ml	Weißwein
1/2	Bund Dill
	Salz, Pfeffer aus der Mühle
	Gemüsebrühe
	natives Olivenöl extra

- Sie können statt Salat Spinat für das Gericht verwenden.
- Bereiten Sie dieses Gericht mit Kaninchenfleisch zu.
- Servieren Sie als Beilage kretische Kartoffeln (S. 221).
- Schmecken Sie dieses Gericht mit viel Blattpetersilie anstelle von Dill ab.

Fleisch mit Kichererbsen

60 Min.

• *Traditionelles Gericht der Kreter.*

ZUTATEN

800 g	Fleisch (wahlweise Schwein, Lamm oder Ziege)
400 g	Kichererbsen (am Vorabend in Wasser eingeweicht)
2	Zwiebeln
500 g	Fleischtomaten
100 ml	natives Olivenöl extra
1/2	Bund Blattpetersilie
	Salz, Pfeffer aus der Mühle Gemüsebrühe nach Bedarf

Hierbei handelt es sich um ein Hochzeitsgericht vieler Regionen Kretas.
In den Dörfern von Messara wird es am Hochzeitsvorabend zubereitet und – von reichlich Rotwein begleitet – den Gästen angeboten.

ZUBEREITUNG

Das Fleisch und die Tomaten in ca. 3 x 3 cm große Würfel schneiden. Die Zwiebeln in feine Würfel schneiden. Das Fleisch mit den Zwiebelwürfeln im Olivenöl anbräunen, mit Salz und Pfeffer würzen. Die Tomaten zugeben und ca. 20 Min. köcheln lassen. Nun die Kichererbsen zum Fleisch geben und weiter garen, bis das Fleisch weich ist.

Zum Schluss das Gericht mit der klein geschnittenen Petersilie bestreuen.

Tipp:

Geben Sie 10 Min. vor Ende der Garzeit zwei Zweige frischen Thymian in das Gericht.

Salat von wilden Kräutern mit Früchten und Linsen.

Gefüllte Kürbisblüten

60 Min.

• *Damit machen Sie Eindruck.*

ZUTATEN

40	Blüten der Kürbispflanze oder Zucchiniblüten
500 g	Reis
100 ml	natives Olivenöl extra
500 g	reife Fleischtomaten
1	Zwiebel
	Blattpetersilie Fenchelgrün
	Salz, Pfeffer aus der Mühle

Gefüllte Kürbisblüten oder gefüllte Zucchiniblüten sind für die kretische Hausfrau ein Alltagsgericht. Bei uns findet man dieses Gericht leider nur im Spitzenrestaurant. Gefüllte Kürbisblüten sind sehr einfach zuzubereiten, also keine Angst davor. Sie werden überrascht sein, wie einfach es geht.

ZUBEREITUNG

Die Blüten der Kürbispflanze müssen geöffnet sein. Aus diesem Grund müssen sie morgens gepflückt werden. Die Blüten waschen und dann die Füllung vorbereiten.

Die Petersilie, das Fenchelgrün, die Zwiebel und die Tomate klein schneiden. Dann das Olivenöl, Salz, Pfeffer, Reis und 200 ml Wasser hinzufügen und alles vermischen. Es ist auch möglich, die Hälfte des Reises mit Hackfleisch zu ersetzen.

Die Blüten mit der Masse füllen und in einen Topf schichten. Dann soviel Wasser hinzufügen, bis die Blüten bedeckt sind. Den Topf mit einem Deckel verschließen. Die Kürbisblüten im Backrohr bei 170 °C ca. 30 Min. garen, 10 Min. vor Ende der Garzeit den Deckel abnehmen, damit die Blüten etwas Farbe bekommen.

Servieren Sie zu den gefüllten Kürbisblüten in Olivenöl geröstetes Weißbrot.

„Lachanodolmandes" – Gefüllte Weißkohlblätter

65 Min.

ZUBEREITUNG

Den harten Strunk des Weißkohls entfernen, die Blätter auseinandernehmen und in heißes Wasser legen, damit sie 5 Min. „welken".
Dann die Füllung mit den nebenstehenden Zutaten herstellen. Von den Weißkohlblättern den Strunk entfernen, dann ein wenig Füllung auf jedes Blatt legen, das Blatt auf jeder Seite einschlagen und rollen.
Die gefüllten Weißkohlblätter kreisförmig in einen Topf legen, 2 EL Olivenöl und soviel Wasser in den Topf geben, bis die Weißkohlrouladen bedeckt sind. Den Topf mit einem Deckel in die vorgeheizte Backröhre stellen und ca. 40 Min. schmoren lassen.

10 Min. vor Ende der Garzeit den Deckel abnehmen, damit die gefüllten Weißkohlblätter leicht bräunen.

ZUTATEN

1	Weißkohl
1	Bund Blattpetersilie
1	Bund Fenchelgrün
500 g	Reis
4	pürierte Tomaten
100 ml	natives Olivenöl extra
3	geriebene Zwiebeln
	Salz, Pfeffer aus der Mühle

Tipp:

- Ersetzen Sie die Hälfte vom Reis durch Hackfleisch.
- Servieren Sie zu den Rouladen kretische Kartoffeln (S. 221) und Zitronenspalten.

Erdbeeren mit Vanille-Olivenöl

15 Min.

• *Gelingt leicht.*

ZUTATEN

1	Vanilleschote
6 EL	bestes Olivenöl
1	Zitrone (Saft und Abrieb)
2 EL	Puderzucker
600 g	geputzte Erdbeeren

Mischen Sie die Erdbeeren mit reifen Pfirsichen und bereiten sie auf dieselbe Art zu.

ZUBEREITUNG

Vanilleschote längs halbieren, Mark auskratzen und Schote in Stücke schneiden. Mark und Schote im Olivenöl erwärmen (maximal 50 °C), anschließend erkalten lassen. Zitronenschale und Puderzucker mischen.

ANRICHTEN

Erdbeeren auf einem Teller anrichten, mit dem Puderzucker bestreuen und mit etwas Zitronensaft beträufeln. Zum Schluss das Vanille-Olivenöl über die Erdbeeren gießen.

„Sarikopites“

50 Min.

ZUBEREITUNG

Aus dem Mehl, Wasser, Olivenöl, Salz und Raki einen geschmeidigen Teig herstellen. Dann den Teig dünn ausrollen und in 8-10 cm breite und ca. 25 cm lange Streifen schneiden.

Den gesüßten Quark auf den Streifen verteilen und mit dem Teig abdecken. Den Teig so wickeln, dass er die Form einer Spirale erhält. Die Form erinnert uns an den Sariki (eine alte kretische Kopfbedeckung), dessen Name auch die Pasteten übernommen haben.

Die Pastetchen in heißem Olivenöl backen, in Puderzucker wenden und mit Honig beträufeln.

ZUTATEN

500 g	Mehl
225 ml	Wasser
3 EL	natives Olivenöl extra
3 EL	Raki oder Zitronensaft
1/2 TL	Salz
500 g	ausgedrückter Quark, leicht gesüßt

Füllen Sie die Pastetchen mit Schafskäse und servieren sie als Käsedessert.

„Tiganites"

25 Min.

ZUTATEN

400 ml	Wasser
1 TL	natives Olivenöl extra
1 EL	Zitronensaft
1 TL	Salz
1	Ei
500 g	Mehl
	Honig, Sesam
	grob gemahlene Walnüsse

ZUBEREITUNG

Das Mehl in eine Schüssel geben, in der Mitte eine kleine Mulde öffnen, das verquirlte Ei, Olivenöl, Zitronensaft und das Salz hineingeben.
Alles zusammen vermischen, Wasser hinzufügen und weiterrühren, bis ein glatter Teig entsteht.

Dann Olivenöl in einer Pfanne erhitzen und ein paar Löffel von der Masse hineingeben. Wenn die Tiganites goldbraun sind, aus der Pfanne nehmen, abtropfen lassen, nebeneinander auf eine Platte legen, den Honig darüber gießen und sie mit Sesam oder grob gemahlenen Walnüssen bestreuen.

Tipp:

Geben Sie über die gebackenen Tiganites Puderzucker.

„Zournadakia" – Gefüllte Teigblattröllchen

60 Min.

ZUBEREITUNG

Für den Sirup Zucker, Wasser und Zitronensaft aufkochen. Zucker mit Walnüssen, Mandeln, Semmelbröseln, Sesam und Zimt vermischen.

Mit einem Teil des Sirups die vermischten Nüsse beträufeln, bis eine leichte Bindung entsteht.

Den Blätterteig mit Olivenöl bestreichen und darauf die Füllung verteilen, jedoch an allen Seiten ein wenig Platz lassen. Jedes Blatt einzeln zu einer Rolle formen und an beiden Seiten zusammenschieben. Die Röllchen in eine mit Olivenöl eingepinselte Auflaufform legen.
Das restliche Olivenöl erhitzen und über die Teigblattröllchen gießen und im Backrohr goldgelb backen.
Anschließend die Röllchen mit dem Sirup bedecken und darin erkalten lassen.

ZUTATEN

500 g	grob gemahlene Walnüsse
500 g	grob gemahlene Mandeln
200 g	Semmelbrösel
50 g	Sesam
110 g	Zucker
2 EL	Zimt
1 kg	griechischer Blätterteig
300 ml	natives Olivenöl extra

Für den Sirup:

900 g	Zucker
900 ml	Wasser
	Saft einer Zitrone

Verwenden Sie für die Füllung gehackte Haselnüsse und gehacktes Trockenobst.

Schlusswort

Liebe Leserin, lieber Leser,
Sie haben sich bis zu dieser Stelle Ihres Buches hingearbeitet. Sie haben eine Reihe praktischer Tipps, neue Rezepte, Zubereitungsarten und Anleitungen erfahren, die Ihr Leben und Ihre Lebensqualität erheblich verbessern können. Wenn Sie sich an die Tipps und Hinweise in diesem Buch halten und sie umsetzen, werden Sie sich leistungsfähiger und vitaler fühlen.
Damit das auch in der Praxis eintritt – und das liegt mir sehr am Herzen – noch eine letzte Empfehlung.

Fangen Sie sofort damit an! „Jetzt! Heute" – Gleichgültig, wie viele oder welche Anregungen Sie diesem Ratgeber entnehmen, wichtig ist, dass Sie mit der Umsetzung sofort beginnen. Andernfalls wird nämlich Ihr neu erworbenes Wissen sofort in Vergessenheit geraten. Spätestens nach drei Tagen geht die Wahrscheinlichkeit, dass Sie noch eine aktive Umsetzung in Angriff nehmen, gegen Null.
Deswegen sollten Sie sofort (innerhalb der nächsten drei Tage) mit einem Rezept aus diesem Buch anfangen, die mediterrane Küche in die Praxis umzusetzen.

Jeden Tag, jede Minute haben Sie die Chance neu anzufangen!

Ich selbst habe eine positive Veränderung meiner Gesundheit durch die mediterrane Küche erlebt. Nach einer Ernährungsumstellung vor über elf Jahren habe ich meine Blutwerte, mein Wohlbefinden durch eine genussvolle mediterrane Küche und moderate, tägliche Bewegung dauerhaft verbessert, daher weiß ich – es funktioniert!

Auch eine Reise von tausend Meilen beginnt mit dem ersten Schritt. Also laufen Sie einfach los in Ihre mediterrane Zukunft!

Ich wünsche Ihnen ein erfülltes Leben voller Vitalität, Gesundheit und Genuss!

Ihr

Gerald Wüchner

Ihre Meinung ist mir wichtig. Deshalb möchte ich Ihre Kritik, gerne aber auch Ihr Lob erfahren, um in der Zukunft noch besser zu werden. Darum: Schreiben Sie mir! Ich freue mich auf Ihre Post und wünsche Ihnen viel Spaß mit Ihrem neuen Buch.

Deutsche Herzstiftung e.V.
z. Hd. Herrn Gerald Wüchner
Vogtstraße 50
60322 Frankfurt am Main

Der Autor

Gerald Wüchner ist Gesamtküchenleiter des Verbundklinikums Ansbach. Dazu gehören die Kliniken Rothenburg o.d.T., Dinkelsbühl und Feuchtwangen, ferner werden aus den Kliniken zwei Schulen versorgt. Der Autor lebt mit seiner Familie im fränkischen Bad Windsheim.
Der Küchenmeister und Diätkoch war lange Zeit in der Spitzengastronomie im In- und Ausland tätig. Seit über 17 Jahren arbeitet er im Gesundheitswesen und beschäftigt sich mit der Auswirkung des Essens auf die Gesundheit des Menschen.
Er schreibt für Fachzeitschriften zum Thema „Mediterrane Küche“ und deren Umsetzung in Klinik, Gemeinschaftsverpflegung und Gastronomie. Der begeisterte Koch ist Innovationspreisträger des bayerischen Gesundheitsministeriums für das Konzept „Mediterrane Küche“ in Verbindung mit Kochkursen. 2002 errang er den 2. Platz beim Innovationspreis der deutschen Krankenhäuser. Seit 2003 hält er Kochkurse im Rahmen der „Herzwochen auf Kreta“. Bei diesen Reisen nutzt er den Kontakt zur Bevölkerung, um die echte mediterrane Küche kennenzulernen.

„Gebt den Menschen Gesundheit in einer Form, die sie glücklich macht und genießen lässt“
Gerald Wüchner

Gerald Wüchner beschäftigt sich seit über neun Jahren mit der mediterranen Küche und hat die Gesundheitsküche vom Mittelmeer als Erster in Deutschland im April 2000 am Krankenhaus Rothenburg o.d.T. eingeführt. Er hält Vorträge im gesamten Bundesgebiet vor mittlerweile über 35 000 Zuhörern zur Umsetzung der mediterranen Küche in der Klinik und der Gemeinschaftsverpflegung.
Er bietet Kochkurse und mehrtägige Seminare für die mediterrane Küche an – welche bereits von über 4 000 Teilnehmern besucht wurden. Er berät Unternehmen und Kliniken bei der Einführung der mediterranen Küche. Sein Hauptziel ist es, den Menschen eine Küche näherzubringen, die Lust und Genuss am Essen vermittelt und dennoch viele der heutigen Diäten ersetzen kann. Seit Mai 2005 arbeitet Gerald Wüchner eng mit der Deutschen Herzstiftung zusammen.

Presseecho:

„Wüchner – der Bocuse der Diätküche“
Mainpost
„Wüchner ist Mr.-Kreta-Küche-live“
GV-Partner Magazin
„Ein Mittelmeerkoch aus Franken“
Nürnberger Nachrichten
„Wo der Trend isst, ist Wüchner“
GV-Partner Magazin

Stichwortregister

Für Ihre Notizen:

Notizen